Oetinger

Originalausgabe
1. Auflage 2011
© Verlag Friedrich Oetinger, Hamburg 2011
Alle Rechte dieser Ausgabe vorbehalten
© Text: Markus Bennemann
© Umschlag und Illustrationen: Ari Plikat
Druck und Bindung: GGP Media GmbH, Pößneck

Dieses Buch wurde auf FSC-zertifiziertem Papier gedruckt.
FSC (Forest Stewardship Council) ist eine nicht staatliche,
gemeinnützige Organisation, die sich für eine ökologische und
sozialverantwortliche Nutzung unserer Wälder einsetzt.

Printed in 2011
978-3-7891-8444-4
www.oetinger.de

Markus Bennemann · Ari Plikat

PFOTEN HOCH!

Die cleversten Killer der Natur

Verlag Friedrich Oetinger · Hamburg

Inhaltsverzeichnis

Den Letzten killt der Knallkrebs!

Tiere sind schlau. Delfine benutzen Seetang für lustige Gruppenspiele, Elefanten malen Bilder, und Schimpansen schlagen uns sogar im Zahlenmerken, wenn sie sich ein bisschen anstrengen. Termiten installieren sich eine Klimaanlage in ihrem Bau, damit sie es immer schön kühl haben, Wale singen Lieder, die so kompliziert sind wie Kirchenchoräle, und Papageien können reden. Meeresschildkröten schwimmen um die halbe Welt, finden aber trotzdem immer wieder zum selben Strand zurück, Elstern erkennen sich im Spiegel, und Hunde tun so, als wollten sie Gassi gehen, um ihr Herrchen von ihrem Lieblingsplatz auf der Couch zu locken.

Ja, Tiere sind wahre Intelligenzbestien. Und da sie nicht wie wir einfach in den Supermarkt gehen können, wenn ihr Kühlschrank leer ist, zeigt sich das besonders, wenn es um die Futterbeschaffung geht. Da ist zum Beispiel der Adler, der gerne Schildkröten frisst, aber vor ihrem Panzer steht wie wir nackt vor einer

Konservendose und deshalb seinen Hunger mithilfe seines Köpfchens stillen muss. Oder der Seeotter, der ein ähnliches Problem mit Meeresschnecken hat, es aber ganz anders löst. Die Raubkatze, die ein Märchen der Gebrüder Grimm nachspielt, um satt zu werden, die Spinne, die für ihre Opfer Parfüm auflegt, der Fisch, der sich tot stellt, um zu töten, und der Vogel, der sich einen Menschen als Helfer holt.

Aber nicht nur, wenn's um ihr täglich Brot geht, killen Tiere mit Köpfchen, Kreativität und kaum vorstellbaren Methoden. Auch bei der Auseinandersetzung mit ihren Rivalen, der Versorgung ihrer Kinder oder dem Schmücken ihrer Behausung beschreiten sie manchmal extrem ungewöhnliche und für andere äußerst unangenehme Wege. Die liebe Mutter Natur scheint geradezu Freude daran zu haben, sich möglichst ausgefuchste Mord- und Todesarten für ihre Geschöpfe auszudenken, und lässt dabei jeden menschlichen Krimiautor aussehen wie einen phantasielosen Langweiler. Aber sie hatte ja auch genug Zeit für all die fiesen Einfälle – die letzten 500 Millionen Jahre ...

Mit Geduld und Spucke

Das Ritual ist immer dasselbe: Koffer auf, Lauf in den Schaft geschraubt, Zielfernrohr obendrauf, dann Sonnenbrille ab und das Ganze schon mal kurz probeweise aus dem Fenster gehalten. Für Profikiller ist das wie für andere morgens den Computer hochfahren oder Kaffee aufsetzen, jedenfalls wenn man Film und Fernsehen glauben darf. In der auch so schon nicht gerade vor Action strotzenden Killerschnulze *The American* muss man George Clooney sogar von vorne bis hinten dabei zusehen, wie er ein Gewehr in mühsamer Kleinarbeit *herstellt*. Da hätte man auch gleich in eine Werkstatt statt ins Kino gehen können ...

Der Schützenfisch, der vor allem in Südostasien vorkommt, braucht den ganzen überflüssigen Schnickschnack nicht. „Werde eins mit deiner Waffe" mögen sich all die Möchtegernprofis ihr Leben lang vorbeten, er ist es von Geburt an. Sein Präzisionsgewehr trägt er im Maul, und wenn er die Zunge an den Gaumen legt, dann gnade Gott dem, den er im Visier hat.

Das sind in den Mangrovensümpfen seiner Heimat hauptsächlich Insekten, die ahnungslos auf den übers Wasser ragenden Zweigen der Mangroven rumkrabbeln. Sicher gibt es in den

9

heißen tropischen Sümpfen dort unten jede Menge überraschende Arten zu sterben. Aber wer, bitte, rechnet mit einem Fisch, der mit einer Wasserpistole auf einen schießt?

Schützenfische haben eine spezielle Rille im Gaumen, die zusammen mit der Zunge eine Art natürlichen Gewehrlauf ergibt. Beim Zielen strecken sie ausschließlich das Maul aus dem Wasser – genau wie der Killer nur die Gewehrmündung aus dem Fenster – und bleiben so von ihren Opfern unbemerkt. Weil sich beim Durchs-Wasser-Gucken alles immer so komisch verschiebt, stellen sie sich möglichst senkrecht unter ihr Ziel und klappen dann ruckartig die Kiemendeckel zusammen. Zack – Volltreffer!

Schützenfische werden meist nur zehn bis fünfzehn Zentimeter lang, aber der Wasserstrahl, den sie aus dem Maul schießen, kann bis zu fünf Meter weit reichen. Ungefähr bis auf die Hälfte dieser Distanz treffen sie damit so präzise wie George Clooney und schwimmen praktisch im selben Moment bereits zu dem Punkt los, wo ihre Beute aufs Wasser fallen wird. Allerlei arglose Ameisen, Heuschrecken und Spinnen ballern sie auf diese Weise aus den Bäumen. Selbst fliegende Insekten holen sie ab und zu aus der Luft. Schießen sie mit ihrem Präzisionsgewehr ausnahmsweise mal daneben, ist das auch nicht schlimm: Dann schalten sie auf Schnellfeuermodus um, feuern mehrere Schüsse in kurzer Folge und geben ihrer Beute sozusagen mit dem Maschinengewehr den Rest.

Schützenfische gibt's auch oft in Zoos. Ist das Aquarium oben offen, braucht man nur den Finger ein bisschen auf dem Rand zu bewegen, dann spucken einen die Fische an. Aber Vorsicht: Bei Beute, die nicht weit entfernt ist, lassen sie auch gerne mal ihr Gewehr stecken und springen einfach danach.

Hausfriedensbruch

Es gibt Leute, die fühlen sich zu Hause nicht sicher, wenn sie nicht mit einem halben Dutzend Schlössern die Tür verriegeln. Hat man das nötige Kleingeld, kann man sich sogar einen sogenannten Panic Room in seinem Heim einrichten lassen. Dieser gepanzerte Schutzraum bietet im Notfall Zuflucht vor Einbrechern, Entführern und anderen ungebetenen Gästen. Manche Panic Rooms sind sogar mit Wasser und Lebensmitteln ausgestattet, falls die Eindringlinge es sich bei einem gemütlich machen.

Schildkröten tragen ihren Panic Room auf dem Rücken. Kriegen sie Panik, ziehen sie einfach Kopf und Beine ein und warten, bis der Grund frustriert das Handtuch wirft. Gazellen sind schnell, Chamäleons gut getarnt, Schlangen giftig. Schildkröten aber haben einen dicken Panzer, an dem sich jedes Tier die Zähne ausbeißt, und können vermutlich deswegen so seelenruhig durchs Leben schreiten.

Auch Greifvögel hacken sich in der Regel an einem Schildkrötenpanzer den Schnabel stumpf. Drinnen hockt die Schildkröte, sieht draußen den Vogel verzweifelt um den Panzer laufen und lacht sich 'nen Ast. Allerdings entwickeln manche Vögel ziemlich viel Phantasie, wenn es um einen leckeren Happen geht.

Geier sind gemeinhin unterschätzte Vögel. Hässliche, doofe Aasfresser, denkt man, zu dämlich, um selbst Beute zu machen. Doch bei etlichen Arten ist die Ernährung nicht auf verendete oder von anderen erlegte Tiere beschränkt, und manche gehen beim Nahrungserwerb äußerst gerissen vor. Schmutzgeier etwa schleudern Steine auf Straußeneier, um sie zu knacken. Bartgeier, die unter anderem in Spanien, Italien und Griechenland leben, ernähren sich von Knochen und lassen diese aus großer Höhe auf Felsen fallen, um sie zu mundgerechten Stücken zu zerkleinern.

Irgendwann sind die Bartgeier darauf gekommen, dass auch so ein Schildkrötenpanzer im Grunde nichts anderes ist als ein großer, hohler Knochen. Seitdem ist keins der Reptilien mehr in seinem Panic Room sicher. Die Geier packen die Schildkröte mit den Krallen, tragen sie hoch in die Luft und lassen sie fallen. Unten zerschellt ihr Panzer dann auf einem Felsen.

Oder trifft den Kopf von irgendeinem armen Teufel, der nichtsahnend in der Landschaft rumspaziert. Durch so einen unerwarteten

Treffer wurde der Legende nach der antike Dichter Äschylus getötet, der im 5. Jahrhundert v. Chr. in Griechenland lebte. Ihm wurde prophezeit, er werde einst von einem auf ihn stürzenden Haus erschlagen, worauf er sich möglichst oft im Freien aufhielt. Wie sich herausstellte, war das „Haus" einer vom Himmel fallenden Schildkröte gemeint, das direkt auf seinem Schädel landete.

Hier in Deutschland regnet es keine Schildkröten, höchstens mal eine Walnuss, die Krähen gelegentlich auf ähnliche Weise knacken. Manchmal sieht man die klugen Rabenvögel auch mit einer Nuss im Schnabel an einer Ampel oder einem Zebrastreifen stehen: Dort legen sie die harte Schalenfrucht vor den Reifen eines wartenden Autos, um es als Nussknacker zu verwenden.

Durchschnittlich etwa 1.500 Notrufe gehen in München täglich bei der Polizei ein, in Hamburg knapp 3.000 und in Berlin rund 4.000. Will man in der Hauptstadt melden, dass man gerade überfallen wird, kann es passieren, dass nach dreimal Klingeln ein Band anspringt: „Bitte warten! Polizeinotruf Berlin. Zurzeit sind alle Notrufleitungen besetzt, bitte legen Sie nicht auf!"

Ungefähr bei jedem zweiten Anruf schicken die Notrufzentralen eine Streife los. Manchmal sind aber auch nur Scherzkekse dran oder Leute, die mit der kostenlosen Notrufnummer testen wollen, ob ein gebrauchtes Handy funktioniert.

Wenn Pflanzen dagegen den Notruf wählen, ist es immer ernst. Dann knabbern Raupen an ihren Blättern, die sie mithilfe der Insektenpolizei wieder loswerden wollen. Der Speichel der Raupen veranlasst die Pflanzen, spezielle Duftstoffe abzusondern, die Wespen anlocken. Allerdings nicht irgendwelche Wespen. Nein, da lässt sich das fieseste Spezialeinsatzkommando vom Himmel, das man sich überhaupt vorstellen kann.

Die zierlichen Wespen sind nur halb so groß wie die Raupen und eine reine Frauentruppe.

Sie tun eigentlich auch nicht mehr, als die Raupen einmal kurz mit ihrem Stachel zu stechen, was denen nicht sonderlich viel auszumachen scheint. Sie schleppen die Raupen nicht in ihr Nest, sie fressen sie nicht an Ort und Stelle auf – im Grunde hätte die Pflanze genauso gut bei der Berliner Polizei anrufen können, denkt man. Aber da irrt man sich.

Die Wespen sind sogenannte Schlupfwespen und legen mit ihrem langen Stachel jeweils ein Ei in den Raupen ab, aus dem bald eine winzige Larve schlüpft. Die Larve frisst die Raupe von innen auf, wobei sie sich die lebenswichtigen Organe bis zum Schluss aufhebt, damit ihr Wirt möglichst lange frisch bleibt. Dann bricht sie aus dem Körper der sterbenden Raupe hervor, verpuppt sich und verwandelt sich in eine Wespe.

Handschellen und ein paar Tage Knast wären den Raupen mit Sicherheit lieber gewesen. Unter anderem wurde schon bei Tabak-, Tomaten- und Baumwollpflanzen ein solcher chemischer Notruf beobachtet. Andere Pflanzen alarmieren andere Beschützer. Bestimmte Bohnensträucher zum Beispiel geben bei Milbenbefall anderen Milben Bescheid, die Milben statt Bohnen fressen. Mais kann sogar mit den Wurzeln die Polizei rufen und lockt durch Abgabe einer bestimmten Substanz gefräßige Würmer an, wenn unter der Erde Käferlarven an ihm nagen.

Bestimmte Akazien schließlich, die vielleicht zu oft in Notfällen nur einen Anrufbeantworter drangekriegt haben, vertrauen nicht auf die Polizei, sondern halten sich lieber einen eigenen Sicherheitsdienst. Sie lassen Ameisen in hohlen Dornen an ihren Zweigen wohnen und füttern sie regelmäßig mit Nektar, der aus ihren Blättern austritt. Im Gegenzug schützen die Ameisen die Akazien vor gefräßigen Insekten, Huftieren und anderen Feinden. Sie schneiden sogar in der Nähe wachsenden jungen Bäumen die Blätter ab, damit die ihrem Wirtsbaum nicht irgendwann das Licht nehmen. Schwarze Sheriffs mit Gartenschere, sozusagen ...

Femme fatale

Femme fatale ist französisch und bedeutet so viel wie „verhängnisvolle Frau". Auf Deutsch: 'ne Braut, die nicht gut für einen ist. Schon die angeblich allererste Frau, Eva, ist ein prima Beispiel, schließlich hat sie Adam in den Apfel beißen lassen und so dafür gesorgt, dass er aus dem Paradies geschmissen wurde. Ein moderneres Beispiel ist Sharon Stone in dem Film *Basic Instinct*: Sieht toll aus und geht mächtig ran, aber wenn man sich auf sie einlässt, weiß man nicht, ob sie einen nicht auf ziemlich fatale Weise mit einem Eispick bearbeitet.

Biologen, die sich mit Glühwürmchen beschäftigen, nennen manche von deren Weibchen Femmes fatales. Die Leuchtsignale, die die kleinen Käfer mit dem Hinterleib erzeugen, dienen ihnen zum Flirten, und geht man abends mit einer Taschenlampe durch den Wald und ahmt diese Signale nach, lassen die Glühwürmchen einen mitflirten. Dabei machte ein Biologe jedoch eine grausige Entdeckung.

Der Forscher lief mit seiner Taschenlampe durch einen Wald in Florida und suchte nach flirtwilligen Weibchen. Weil alles in den USA irgendwie immer ein bisschen toller und aufregender sein muss als bei uns in Europa, sind es auch die Glühwürmchen. Hier fliegen die Männchen nicht einfach mit auf Dauerbetrieb geschalteter Po-Lampe umher, sondern machen die im Gras sitzenden Weibchen mit richtigen kleinen Leuchtcodes auf sich aufmerksam, von denen manche so kompliziert sind wie das Morsealphabet.

Über die Codes können die Weibchen erkennen, ob ein Männchen zu ihrer Art gehört. Nur dann ist die Paarung möglich, und nur dann antworten sie mit eigenen Leuchtzeichen. Auf Taschenlampen reagieren sie dabei meistens besonders gut, weil sie deren helles Licht für eine Art Glühwürmchen-Superman halten. An jenem Abend fiel unserem Forscher jedoch etwas Seltsames auf: Egal, welchen Leuchtcode er in die Dunkelheit blinkte, die Antwort kam immer von Weibchen, die eigentlich gar nicht darauf antworten durften. Sie gehörten zur falschen Art und konnten mit dem Männchen, das sie zu sich riefen, im Grunde gar nichts anfangen.

Der Forscher legte sich neben einem solchen Weibchen auf die Lauer und kam so seinem grausamen Spiel auf die Schliche. Einen fliegenden Verehrer nach dem anderen lockte es mit seinem verführerischen Geblinke zu sich ins Gras – doch nicht, weil es liebeshungrig war, sondern einfach nur hungrig. Kaum war einer der artfremden und deswegen in der Regel viel kleineren Freier gelandet, fiel es über ihn her und fraß ihn mit Haut und Fühlern. Es wollte schmausen, nicht schmusen, kein Date, sondern nur ein Dinner.

Inzwischen weiß man, dass solche Femmes fatales, wie sie unter Biologen ganz offiziell genannt werden, die Leuchtzeichen von mehr als zehn anderen Arten nachahmen können. Sie sind vermutlich der Grund, warum sich in Amerika unter den Glühwürmchen überhaupt so komplizierte und schwer zu kopierende Leuchtzeichen eingebürgert haben. Aus Angst vor den gefährlichen Verführerinnen haben dort ein paar Glühwürmchenarten das Flirten sogar von der Nacht auf den Tag verlegt: Diese Glühwürmchen glühen nicht mehr, sondern finden über Gerüche zueinander.

Brandstiftung

Bei fast jedem fünften Brand in Deutschland hat jemand absichtlich gezündelt. Manchmal gerät Kindern ihre Kokelei außer Kontrolle, manchmal will der Besitzer eines Hauses oder einer Firma „warm sanieren", das heißt von der Versicherung für den selbst gelegten Brand eine hohe Entschädigung kassieren. Einbrecher legen mitunter Feuer, um ihre Spuren zu verwischen, Eifersüchtige, um sich zu rächen, und Feuerwehrmänner, um den Brand auf heldenhafte Weise selbst zu löschen.

So komplexe Motive sucht man beim australischen „Feuerfalken" vergebens. Wenn er seine Brände legt, hat er dafür immer einen ganz einfachen Grund: Hunger.

Der Feuerfalke heißt eigentlich Schwarzmilan und ist ein mittelgroßer Greifvogel, der trotz seines Namens ein eher bräunliches Gefieder hat. Im Sommer kann man ihn auch bei uns manchmal am Rand der Autobahn schweben sehen, wo er nach platten Kaninchen, Igeln und anderen überfahrenen Kleintieren Ausschau hält. Er macht es sich überhaupt gerne einfach beim Essen: Müllkippen, Schlachthäuser, Fischfabriken, überall kommt er auf seine Kosten. Auch an offenen Markt- und Grillständen bedient er sich ohne Scheu und klaut unachtsamen Essern ihren Snack manchmal sogar unmittelbar aus den Händen.

Im australischen Outback werden Schwarzmilane von Buschfeuern geradezu magisch angezogen. Während alle anderen Tiere verzweifelt fliehen, kreisen die dunklen Vögel in Scharen über den Flammen. Genau wegen der fliehenden Tiere sind sie da: Ein ums andere Mal stoßen sie am Rand des Feuers ins Gras hinab und schnappen sich eine verdutzte Hüpfmaus oder Heuschrecke. Muss ungefähr so sein, als würde man aus einem brennenden Haus laufen und draußen direkt von einem Auto überfahren werden.

Auf so clevere Art den Abstauber zu spielen, ist für Vögel nicht ungewöhnlich. Auch großen Tieren folgen viele von ihnen durchs Gras, um die aufgeschreckten Kleintiere und Insekten zu erbeuten. In Afrika fliegen sie sogar Nilpferden hinterher, weil die mit ihren Hufen Fische aufscheuchen. In Südamerika gibt es sogenannte Ameisenvögel, die nicht etwa so heißen, weil sie gerne Ameisen fressen, sondern weil sie Treiberameisen als Treiber benutzen. Diese gefräßigen Ameisen ziehen in riesigen Heeren durch den Urwald und verursachen dort unter den Tieren eine ähnliche Panik wie im australischen Outback ein Buschfeuer.

Doch die Schwarzmilane setzen all dem noch eins drauf: Sie sind die einzigen Tiere auf der Welt, die manchmal selbst zu Brandstiftern werden. Wahrscheinlich ist einer mal zu spät zu einem Buschfeuer gekommen und hat sich fürchterlich geärgert. Dann hat er einfach mit dem Schnabel einen noch glimmenden Zweig aufgehoben, ihn ein paar Hundert Meter weiter wieder fallen gelassen – und so einen neuen Brand gelegt.

Die Aborigines, die australischen Ureinwohner, nennen die Schwarzmilane wegen dieses Verhaltens Feuerfalken. Auch Forscher haben es schon beobachtet. Ein Student aus Melbourne hat sogar mal gesehen, wie einer der Vögel ein Stück Glut aus einem Lagerfeuer stibitzte und damit einen Brand legte. Den hat der Spielverderber jedoch sofort wieder ausgetreten.

Dass Lemminge Selbstmord begehen, ist ein alter Irrglaube. Ameisen hingegen tun es schon, wenn auch nicht ganz freiwillig. Mit einem simplen Sprung in den Tod, wie man ihn gerne den Lemmingen andichtet, geben sie sich dabei jedoch nicht zufrieden.

Wenn in der Nähe von Kuh- oder Schafweiden abends alle Ameisen in ihr Nest zurückkehren, bleibt manchmal eine auf der Weide und klettert einen Grashalm hinauf. Mit ihren Kieferzangen beißt sie sich an der Spitze fest, streckt ihr Hinterteil ab und harrt so bis zum nächsten Morgen aus. Warum? Nun, sie wartet darauf, dass eine Kuh sie frisst.

Allerdings wartet nicht wirklich sie darauf, sondern ein winziges Geschöpf in ihrem Kopf, das sich „Hirnwurm" nennt. Es stammt ursprünglich aus einer Kuh, einem Schaf oder einem anderen Weidetier, hat schon eine ziemlich lange Reise hinter sich und jetzt nur noch ein Ziel: mit einem Maul voll Gras erneut von einem Weidetier aufgenommen zu werden. Deswegen hat es sich in einem dicken Nervenknoten im Kopf der Ameise festgesetzt, steuert sie von dort wie einen Roboter und zwingt sie zu ihrer seltsamen Form des Selbstmords.

Bei dem Geschöpf handelt es sich um eine Larve des sogenannten Kleinen Leberegels. Das ist ein etwa ein Zentimeter langer Wurm, der in der Leber von Weidetieren lebt. Um auch auf andere Wirte überspringen zu können, scheidet der kleine Schmarotzer Eier aus, die von der Leber in den Darm gespült werden und dann mit einem dampfenden Kuhfladen oder ein paar Schafkötteln auf der Wiese landen. Der Dung und damit die Eier werden von Schnecken gefressen, in denen Larven daraus schlüpfen. Die wollen jetzt unbedingt wieder in irgendein Weidetier, denn nur in dessen Leber können sie sich zu erwachsenen Leberegeln entwickeln. Sie haben nur ein Problem: Weidetiere fressen keine Schnecken.

Wie die Natur zur Lösung dieses Problems auf die verrückte Nummer mit der Ameise gekommen ist, wird wohl ewig ihr Geheimnis bleiben. Doch genau auf diese Nummer arbeiten die Larven jetzt hin: Um von ihrem ersten sogenannten Zwischenwirt – der Schnecke – in ihren zweiten Zwischenwirt – die Ameise – zu gelangen, lassen sie sich von der Schnecke mit kleinen Schleimbällchen aushusten. Fressen Schnecken gerne Dung, so fressen Ameisen gerne Schleimbällchen, und in jedem steckt gleich eine ganze Hundertschaft der winzigen Wurmlarven. Der größte Teil macht es sich im Bauch der Ameise gemütlich, nur eine setzt sich im Kopf fest: der Hirnwurm.

Hier verwandelt er das arme Insekt nun in seinen persönlichen Zombie – mit welcher Art von Voodoo, das weiß die Wissenschaft bis heute nicht. Er sorgt sogar dafür, dass die Ameise erst bei Einbruch der Dunkelheit auf ihren Halm klettert: Wäre ihr dunkler Körper bei Tag zu lange der Sonne ausgesetzt, könnten die darin eingeschlossenen Wurmlarven Schaden nehmen. Kommt bis zum Morgen kein unvorsichtiger Grasfresser vorbei, der die Ameise verschluckt, darf sie zu ihrem Volk zurück. Allerdings nur bis zur nächsten Dämmerung: Pünktlich bei Sonnenuntergang zwingt sie dann der Hirnwurm wieder, eine einsame Grasspitze zu erklimmen und dort auf den Tod zu warten.

Der Hammermörder

Seeotter gehören in die Kategorie putzig und gemein. Wie die niedlichen Eichhörnchen, von denen später noch die Rede sein wird, sehen sie süß aus, sind in Wirklichkeit aber brutale Killer.

An den Felsküsten Kaliforniens, wo die Seeotter hauptsächlich leben, kann man ihnen beim Schwimmen und Spielen zuschauen. Auf dem Rücken liegen sie im Wasser, sehen einen mit ihren Knopfaugen an und heben die Pfötchen, wie um freundlich „Hallo" zu sagen. Manche tollen miteinander herum, andere knuddeln zärtlich das Junge auf ihrem Bauch, wieder andere schaukeln Pfote in Pfote sanft in der Dünung. Die lebendigen kleinen Plüschtiere nicht süß zu finden, ist praktisch unmöglich. Aber was sie unter Wasser treiben, sieht man ja auch nicht.

Seeohren sehen aus wie Muscheln, sind aber in Wahrheit Schnecken. Sie haben große, an Ohrmuscheln erinnernde Schalen, die innen mit Perlmutt überzogen sind und in tausend Farben schillern. Die Seeohren tragen diese Schalen wie einen riesigen Helm auf dem Rücken, während sie unter Wasser über Felsen kriechen und Algen davon abgrasen. Es sind sehr friedliche Zeitgenossen, die am liebsten von allen in Ruhe gelassen werden wollen, und kommt ihnen jemand zu nahe, saugen sie sich unter ihrem Helm so fest an den Fels an, dass man sie nicht mehr abkriegt.

Außer man ist ein Seeotter. Seeohren sind die Leibspeise der putzigen Wassermarder, und oft schwimmen sie vorsichtig an die Schnecken heran und packen sie, bevor sie sich festsaugen können. Aber das klappt nicht immer. Dann kommen die Seeotter mit einem Hammer wieder.

Bei dem Hammer handelt es sich um einen Stein, der mehr als ein Kilo schwer sein kann. Damit schlägt der Seeotter so lange auf die extrem harte Schale des Seeohrs ein, bis ein Loch entsteht. Oft muss er mehrmals zu der Schnecke hinuntertauchen und über hundertmal auf ihren Helm einhämmern. Ist endlich ein Loch drin, kommt der wirklich fiese Teil: Dann greift der Seeotter in die Schale und zerrt die Eingeweide der Schnecke hervor, sodass sie sich schließlich geschwächt vom Fels lösen lässt.

An der Wasseroberfläche legt der Seeotter sich seine Beute wie eine Suppenschüssel auf den Bauch und löffelt mit den Pfoten das zarte weiße Fleisch der Schnecke heraus. Echte Muscheln, die rundherum Schale haben, legt er sich ebenfalls auf den Bauch und hämmert dann dort mit einem Stein darauf ein. Oft trägt er den Stein sogar in einer tiefen Hautfalte unter seiner Achsel mit sich herum, wie ein Einbrecher sein Werkzeug. In dieser taschenartigen Falte sammelt er bei seinen Streifzügen über den Meeresgrund auch Seeigel, Krebse und andere Leckerbissen – sie ist sozusagen seine Einkaufstüte. Oben fesselt er manche Krebse dann mit langen Algensträngen, sogenannten Kelpbändern: So krabbeln sie ihm nicht vom Bauch, bevor er sie mit dem Hammer bearbeiten kann.

Auch die Menschen in Kalifornien essen gerne Seeohren, und wenn sie die Schnecken von den Felsen lösen wollen, benutzen sie ein Stemmeisen. Sammeln dürfen sie die Delikatesse aber nur in Gebieten, wo sie sie den Seeottern nicht wegschnappen.

Echte Gangsta gibt's nur in der Bronx? Nein, auch auf den Bahamas, aber im Wasser. Sie sehen aus wie die Garnelen, die man dort sonst als Shrimps-Cocktail serviert bekommt. Aber vor diesen Shrimps sollte man sich in Acht nehmen, denn sie gehen nie ohne ihre riesige Wumme aus dem Haus.

An einem Arm haben die Garnelen eine extrem große Schere – beinah genauso groß wie sie selbst. Ähnlich wie eine richtige Pistole hat die Schere an der einen Hälfte eine Art Hammer, in der anderen eine Höhle, in die der Hammer genau reinpasst. Schnellen die Hälften zusammen, saust der Hammer in die Höhle, und ein extrem starker Wasserstrahl wird aus der Schere gepresst. Dann gibt es einen lauten Knall – und die dazugehörige Druckwelle haut die stärkste Makrele um.

Die Gangsta-Garnelen werden in der Fachsprache Knall- oder Pistolenkrebse genannt und ballern mit ihren Kanonen auf alles, was ihnen in die Quere kommt. Sie leben meist in Sandhöhlen, und schwimmt ein kleiner Fisch vorbei, geben sie ein, zwei Schüsse auf ihn ab, schon sinkt er betäubt zu Boden. Kleine Krabben und andere Garnelen „erschießen" sie auf die gleiche Weise und verspeisen sie dann in ihrem Bau. Wollen größere Fische hingegen sie verspeisen, jagen die Knallkrebse die Angreifer mit ein paar gezielten Schüssen in die Flucht. Ist ein Taucher zu neugierig, kriegt er ebenfalls was vor die Brille.

Auch aufeinander gehen die Knallkrebse gerne mit ihren Knarren los – es sind eben echte Gangsta. Anders als im Getto wird bei diesen Schusswechseln aber ein Sicherheitsabstand gehalten. Denn die Krebse wollen so eigentlich nur herausfinden, wer von ihnen das dickste Schießeisen hat – ums Killen geht es dabei gar nicht.

Der Knall der Knallkrebse kann mehr als 200 Dezibel laut sein und damit lauter als jeder echte Pistolenschuss. Natürlich würde man denken, dass er durch das Aufeinanderschlagen der Scherenhälften entsteht. Interessanterweise ist das aber nicht so. Er entsteht durch eine Art Luftblase, die bei jedem Schuss vor der Schere platzt. Der aus der Schere geschossene Wasserstrahl ist fast 100 km/h schnell – so schnell, dass ein Teil davon verdampft. Vor der Schere bildet sich eine mit Dampf gefüllte Blase im Wasser, eine sogenannte Kavitationsblase, die aber sofort wieder in sich zusammenfällt. Das Ganze geht so fix, dass man es mit bloßem Auge nicht sehen kann. Doch dabei entsteht nicht nur ein extrem lauter Knall, sondern für einen ganz kurzen Moment auch extrem hohe Hitze und sogar ein winziger Lichtblitz. Eben alles, was zu einem richtigen Pistolenschuss dazugehört.

Das Zusammenfallen der Blase sorgt auch für die heftige Druckwelle, die den Opfern der Knallkrebse die Lichter ausbläst. An rotierenden Schiffsschrauben können sich ebenfalls solche Blasen bilden – und zerstören mit der Zeit sogar härtestes Metall. Auch diese Blasen knallen beim Platzen und verursachen das typische Knistern, das man im Meer manchmal unter Wasser hört: als würde irgendwo eine Pfanne Popcorn brutzeln. Im Zweiten Weltkrieg orientierte sich die US-Marine an diesem Knistern, um feindliche U-Boote aufzuspüren. Doch vor Florida horchten die U-Boot-Jäger umsonst ins Meer: Zu viele Gangsta-Garnelen lebten hier in den Riffen und ließen ihre Kanonen knallen.

Schmutzige Hände

In Krimis ist es ein gern genutzter Trick: Steht dir jemand im Weg, schwärz ihn bei der Polizei an, dann musst du dir nicht die Hände schmutzig machen. In manchen Ameisennestern funktioniert das auch. Die Hände ... nun, die macht man sich dabei schon ein bisschen schmutzig.

Die Ameisen, die diesen Trick anwenden, leben in den Tropen, nisten in Astlöchern oder hohlen Kokosnüssen und werden gerade mal drei Millimeter groß. Doch zumindest die Männchen machen das durch ein gewaltiges Ego wett.

Kaum sind sie geboren, versuchen die Männchen, sämtliche anderen Männchen im Nest umzubringen. Der Grund dafür ist einfach: Die Männchen wollen alle Mädels im Nest für sich allein haben. Wie gesagt, sie leiden nicht gerade unter Minderwertigkeitskomplexen.

Sehr nützlich ist es dabei, ein bisschen früher aus dem Ei zu schlüpfen als der Rest des männlichen Nachwuchses. Denn die Haut der Ameisen braucht eine Weile, um hart zu werden. Und diese Zeit lässt sich gut nutzen, um seine Rivalen totzubeißen.

Später hat man es leider nicht mehr so leicht mit ihnen. Dann muss man sich auf zermürbende Ringkämpfe einlassen, die stundenlang dauern, aber bei denen es am Ende oft trotzdem keinen eindeutigen Gewinner gibt. Abkürzen lässt sich das Ganze, indem man seinen Gegner bei der Polizei anschwärzt. Soll die sich doch um den nervigen Raufbold kümmern!

Aber wie macht man das in einem Ameisenstaat? Ruft man auf dem Revier an und sagt: „Hallo, ich habe meinen Nachbarn mit einer Waffe aus der Wohnung laufen sehen"? Oder jubelt man ihm Drogen unter? Nein, die Ameisenmännchen haben da eine andere Methode. Sie, nun ja, schmieren ihre Gegner mit Kot ein. Während des Ringens drücken manche Männchen einen trüben Tropfen aus dem Hinterleib und verteilen ihn mit den Vorderbeinen auf dem Körper ihres Kontrahenten. Die Flüssigkeit lockt Arbeiterinnen an, die so etwas wie die Polizei im Ameisenstaat darstellen. Sie zerren an dem beschmierten Männchen herum, zwicken ihm Beine, Hinterleib oder sogar den Kopf ab und tragen die Körperteile eilig aus dem Nest. Kaum ist der arme Kerl mit dem trüben Sekret bedeckt, setzt die Ameisenpolizei alles daran, ihn vor die Tür zu setzen – ob nun im Ganzen oder in handlichen Portionen.

Deswegen nahmen Forscher zunächst an, bei dem Sekret handele es sich um ein sogenanntes Alarmpheromon: einen Duftstoff, mit dem gefährliche Eindringlinge wie Spinnen, Wanzen oder feindliche Ameisen markiert werden, damit die Arbeiterinnen sie aus dem Nest werfen können. Doch inzwischen halten die Wissenschaftler es für wahrscheinlicher, dass der trübe Tropfen genau das ist, wofür man ihn im ersten Moment halten würde: der Darminhalt der unfairen Kämpfer, der zum Anschwärzen genauso geeignet ist wie ein Alarmpheromon. Denn die Ameisenpolizei ist auch für die Sauberkeit im Nest zuständig. Und deswegen wird der angeschmierte Nebenbuhler vor die Tür gekehrt wie ein riesiger Haufen ... Exkremente.

Das King-Kong-Gift

Okay, folgende Situation: Der übelste Schläger der Schule spritzt dir ein Serum, durch das du dich fühlst wie Superman. Dann macht er dich in der Pause blöd an, du willst ihm eine ballern, dass er bis zum Mond fliegt, und er prügelt dich windelweich. Gemein? Ja. Zum Glück unmöglich? Nicht, wenn man eine Meeresschnecke ist.

Unter Meeresschnecken gibt es solche grundbraven Exemplare wie die Seeohren aus dem Kapitel über die Seeotter, die eigentlich nur in Frieden über Felsen kriechen und Algen fressen wollen. Aber es gibt auch echte Fieslinge, die Jagd auf Fische, Krebse und andere Meeresschnecken machen, und die fiesesten von allen sind die Kegelschnecken.

Kegelschnecken heißen so wegen ihres kegelförmigen Gehäuses, das meistens sehr hübsch gemustert ist und deshalb in kaum einem aus den Tropen mitgebrachten Muschelsäckchen fehlt. Beim Sammeln sollte man allerdings auch wirklich nur die Gehäuse auflesen, die leer am Strand liegen. Denn aus denen im Wasser kommt gerne mal ein giftiger Rüssel und versetzt einem einen schmerzhaften Stich.

Der Rüssel schlängelt sich aus dem schmalen Teil des Schneckenhauses hervor und hat vorne einen Giftzahn, den die Schnecke einem in den Körper schießen kann wie eine winzige Pfeilspitze. Bei kleinen Schnecken tut der Stich so weh wie der einer Biene oder Hornisse und hat auch keine viel größere Wirkung. Greift ein Taucher jedoch in tiefem Wasser nach einem großen Exemplar, kann es sein, dass er vor der Himmelstür das peinliche Geständnis machen muss, er sei von einer Schnecke getötet worden.

Das Gift der Kegelschnecken setzt sich aus bis zu 200 verschiedenen Bestandteilen zusammen, von denen jeder seine ganze eigene, unangenehme Wirkung hat. Spritzt man die einzelnen Stoffe Mäusen, rennen die mal wild im Kreis, mal schlummern sie sanft ein, mal zittern sie plötzlich am ganzen Leib. Doch das allein reicht den Schnecken natürlich nicht, weshalb der Mix auch einen Stoff enthält, der die Wirkung von Kobra- und Kugelfischgift kombiniert – also von zwei der tödlichsten Tiere, die es überhaupt gibt.

Gerade bei der Jagd auf Fische sähen die Schnecken ziemlich alt aus, wenn ihr Opfer nicht auf der Stelle das Zeitliche segnen würde, sondern erst fünfzig Meter weiter, deswegen wohl die Neigung zum toxischen Rundumschlag. Bei der Jagd auf andere Meeresschnecken haben sie aber ein noch kniffligeres Problem: Diese Beute kann zwar nicht wie ein Fisch wegflitzen, sich aber in ihr Haus zurückziehen, wo sie dann auch nach ihrem Tod für ihren Jäger unerreichbar bliebe oder sich vielleicht sogar von dem ersten Treffer erholen könnte. Doch auch für diesen Fall halten die kleinen Giftmischer ein ganz spezielles Mittelchen bereit.

Dieses sogenannte King-Kong-Toxin sorgt dafür, dass die andere Schnecke sich plötzlich aufführt wie ein unschlagbarer Kraftprotz, der es locker mit seinem giftigen Gegner aufnehmen kann. Als Forscher den Stoff versuchsweise Hummern spritzten, die eigentlich nicht zur Beute der Kegelschnecken gehören, legte sich plötzlich noch das mickrigste Kerlchen mit viel größeren Artgenossen an. Bei Schnecken ist es nicht anders, und statt sich nach bewährter Schneckenart in ihrem sicheren Heim zu verkriechen, bleiben sie vor der Tür – und werden so zu leichten Opfern ...

Spiel mir das Lied vom Tod

Spinnen sind wie taube Gitarrenspieler: Sie hören zwar nicht gut, doch zupft man auf die richtige Weise an den Fäden ihres Netzes, erkennen sie die Melodie sofort. Die Schwingungen nehmen sie über winzige Schlitze in den Beinen wahr, die unterm Mikroskop sinnigerweise aussehen wie die Saiten einer Harfe. Pling-palla-pling – nur ein vom Wind verwehtes Blatt, das sich im Netz verfangen hat. Pling-pling-pillepling – ein Spinnenmännlein, das untertänigst um ein Rendezvous bittet. Pling-plingelling-plingellingeling! – ah, endlich: ein leckeres Insekt, das hilflos in den Fäden zappelt.

Auch jede Beute spielt jedoch ihr ganz eigenes Lied. Handelt es sich zum Beispiel um einen großen Falter, der die seidigen Fäden in heftige Schwingungen versetzt, rennt die Spinne mit gefletschten Kieferklauen auf den fetten Happen zu, bevor er sich möglicherweise wieder losreißt. Streichelt aber nur eine magere Eintagsfliege mit ihren Flügeln sanft die Saiten, nähert sich die Spinne dem Mahl mit der gleichen gelangweilten Routine wie ein Hund einem bereits hundertmal abgenagten Knochen.

Dumm nur, wenn der Knochen plötzlich zurückbeißt. Und nicht nur beißt, sondern auch noch genauso giftig ist wie die Spinne selbst – wie unfair ist das denn?!

Eingelullt von der zarten Weise, ist die Spinne auf eine listige Kollegin zugekrabbelt: eine Springspinne, bei denen sich manche Arten auf das Erbeuten anderer Spinnen spezialisiert haben. Im Gegensatz zu den meisten Spinnen haben Springspinnen ausgezeichnete Augen, und in der Regel schleichen sie sich langsam an ihre Beute an und erlegen sie dann mit einem plötzlichen Sprung auf den Rücken. Weil sie das so gut können und beim Anschleichen oft sogar weite Umwege machen, um sich eine günstigere Angriffsposition zu verschaffen, werden sie von manchen Wissenschaftlern „achtbeinige Katzen" genannt.

Netzspinnen jedoch werden von den empfindlichen Fäden ihres Gespinstes gewarnt, wenn sich ein Angreifer nähert – spüren ihn mit ihren für jede Schwingung sensiblen Beinen. Deswegen gehen bei ihnen die schlauen kleinen Springspinnen noch gerissener vor, als man es selbst von Katzen kennt.

Zum Beispiel warten sie einen Windstoß ab, der das Netz in Schwingungen versetzt, um sich im Schutz dieses „Hintergrundrauschens" ein Stück weiter auf ihr Opfer zuzubewegen. Oder sie täuschen einen Windstoß vor, indem sie selbst heftig am Netz rütteln. Wollen sie hingegen, dass ihr Opfer zu ihnen kommt, setzen sie sich an den Rand des Netzes, zupfen mit einem Bein sachte an einem Faden und imitieren so das Zappeln einer Fliege. Reagiert die Netzbewohnerin nicht auf dieses Lied vom Tod, gehen die Springspinnen von der sanften Ballade zu derbem Hardrock über und greifen mit sämtlichen Beinen auf einmal in die Saiten.

Sie musizieren so lange herum, bis sie einen Hit landen, der ihr Opfer zu ihnen lockt, und überrumpeln auf diese Weise sogar Spinnen, die zweimal so groß sind wie sie. Wer den ersten Biss landet, ist bei solchen Begegnungen oft entscheidend, und dank ihrer Zupfkünste haben die Springspinnen die Überraschung auf ihrer Seite. Nur manchmal haben sie anscheinend keine Lust, selbst was zu spielen: Dann fangen sie einfach eine echte Fliege und kleben sie wie eine lebende CD ins Netz, um so den richtigen Ton zu treffen.

Die Mördermaus

Wenn wir schon mal bei giftigen Tieren sind: Mäuse. Mäuse? Ja, Mäuse, diese gemeinen, mit tödlichen Giftzähnen ausgestatteten Killer, die unter Fröschen, Eidechsen und anderen Kleintieren Angst und Schrecken verbreiten. Schon mal darüber nachgedacht, wie viele Mäuse pro Jahr von Tierpflegern, Labormitarbeitern und Reptilienliebhabern an Schlangen verfüttert werden? Nun, das lassen nicht alle Mäuse mit sich machen: *Manche fressen Schlangen zum Frühstück.* Vergesst Käse, Getreide und den ganzen anderen langweiligen Kram. Diese Mäuse stehen auf Fleisch, sind blutgierige Raubtiere und gehen jeden Tag mit dem gleichen erbarmungslosen Blick im Wald auf Beutezug wie Löwen in der Savanne.

Spitzmäuse, von denen ein paar Arten auch in Deutschland leben, sehen genauso aus wie normale Mäuse, haben nur eine längere, rüsselartige Schnauze. Biologisch betrachtet sind sie allerdings gar keine Mäuse, sondern eher mit Maulwürfen und Igeln verwandt, und läuft man als gewöhnliches Waldtier einer von ihnen über den Weg, tut man gut daran, diesen Unterschied zu kennen. Denn bestimmte Arten der Spitzmäuse gehören neben so exotischen

Geschöpfen wie Schnabeltieren und Plumploris zu den einzigen Säugetieren, die giftig sind: Ihre Spucke enthält ein giftiges Enzym, das sonst nur die selbst für Menschen gefährlichen Gila-Echsen ihren Opfern beim Biss einflößen – und damit erlegen die kleinen Pseudomäuse selbst Beutetiere, die mehr als doppelt so groß sind wie sie selbst.

Das Gift, das eine Amerikanische Kurzschwanzspitzmaus in ihren Speicheldrüsen produziert, reicht zum Beispiel, um 200 echte Mäuse zu töten. Ungefähr drei pro Tag braucht die hyperaktive Supermaus, denn sie hat einen extrem hohen Puls und einen dementsprechend hohen Energie- und Nahrungsverbrauch. So stürzt sie sich auch auf Tiere, vor denen jede normale Maus panisch piepsend Reißaus nehmen würde – darunter selbst kleine Schlangen, die sich den Ausgang der Begegnung mit Sicherheit ganz anders vorgestellt haben. Für Menschen ist ihr Biss nicht ganz so gefährlich, aber eine schmerzhaft geschwollene Hand können auch sie davontragen, wenn sie das lustig aussehende Pelztier mit dem zu kurz geratenen Schwänzchen zu fangen versuchen.

Die in Deutschland heimischen Spitzmäuse hingegen sind größtenteils ungiftig und begnügen sich nahrungstechnisch meist mit unspektakulärer Insektenkost oder sogar – wie echte Mäuse – mit Grünzeug und Samen. Eine Ausnahme bildet die Wasserspitzmaus, die nicht nur ein hervorragender Schwimmer und Taucher ist, sondern auch wie die ebenfalls bei uns heimische Sumpfspitzmaus zur Giftproduktion fähig. Bis zu zwei Meter tief taucht die Maus in Seen und Flüsse hinab, und streift dabei ein kleiner Fisch ihre empfindlichen Barthaare, beißt sie zu. Am Ufer tut sie sich dann an dem erbeuteten Schuppenträger gütlich – zur neidvollen Verblüffung jeder vorbeilaufenden Katze, die es höchstens mal schafft, einen träge gewordenen Goldfisch aus seinem Glas zu angeln.

Der Biss einer Wasserspitzmaus ist noch ungefährlicher als der ihrer amerikanischen Vettern und verursacht höchstens leichte Hautreizungen und einen flauen Magen. Doch dass man auf eine trifft, ist sowieso unwahrscheinlich, denn da Wasserspitzmäuse sich in künstlich begradigten und befestigten Gewässern nicht wohlfühlen, gelten sie bei uns als gefährdet.

Macht auf, ihr lieben Kinder ...

In dem Märchen *Der Wolf und die sieben Geißlein* sind die Geißlein allein zu Haus, und der böse Wolf klopft an die Tür und gibt sich als ihre Mutter aus. Zuerst erkennen ihn die Geißlein an seiner rauen Stimme und seiner schwarzen Pfote und lassen ihn nicht rein. Doch dann frisst der kluge Wolf Kreide, um seine Stimme höher zu machen, und tarnt seine Pfote mit Teig und Mehl und kann so die Geißlein täuschen.

Das gleiche Märchen spielt sich im brasilianischen Regenwald jeden Tag ab – nur ist es dort kein Märchen. Die Rolle des Wolfes übernimmt eine gefleckte Raubkatze mit großen Ohren und langem Schwanz: ein Baumozelot oder Margay, der kaum größer ist als eine Hauskatze, aber noch viel besser klettern kann. Die Rolle der Geißlein übernehmen kleine Äffchen, die Zweifarbentamarine heißen, aber mit ihrem braunen Hinterteil, weißen Oberkörper und schwarzen Kopf ungefähr genauso zweifarbig sind wie die deutsche Flagge.

Eine Gruppe dieser Tamarine wurde eines Morgens von Forschern dabei beobachtet, wie sie in einem großen Feigenbaum saß und frühstückte. Plötzlich drangen aus einem

Nachbarbaum, von dem Lianen zu der Feige herüberführten, die hohen Fiepslaute eines Tamarinenbabys. Der wachhabende Affe kletterte näher, um die Quelle der Rufe zu erkunden, und auch andere Mitglieder der Gruppe wurden neugierig. In dem Moment sprang ein Baumozelot aus dem Nachbarbaum hervor und versuchte, sich einen der Affen zu schnappen.

Bei dieser Gelegenheit hatte die Raubkatze mit ihrem Täuschungsmanöver keinen Erfolg. Sicher, sie hätte ihr Fell noch mit Kakao, Mehl und schwarzem Pfeffer einreiben müssen, werden die Märchenkenner jetzt sagen – damit sie auch *aussieht* wie ein Tamarin. Doch die Forscher glauben, dass das nicht nötig ist und die beim großen bösen Wolf abgeschaute Taktik normalerweise auch so aufgeht. Tatsächlich berichteten ihnen die im Regenwald lebenden Eingeborenen, dass auch Jaguare, Pumas und normale Ozelots ihre Stimme verstellen, wenn sie auf die Jagd gehen: Sie ahmen die hohen Laute der wie langbeinige Ratten wirkenden Agutis sowie verschiedener Urwaldhühner nach, um so ihre Beute in Sicherheit zu wiegen oder sogar zu sich zu locken.

Manchen Berichten zufolge ahmen in Indien Tiger mit der gleichen Absicht die Rufe der großen Sambarhirsche nach. Und in den Memoiren des berühmten britischen Tigerjägers Jim Corbett (1875–1955) kommt sogar eine Episode vor, bei der aus einem verlassenen Dorf, in dem sich außer dem gejagten Tiger unmöglich noch ein anderes stimmbegabtes Wesen aufhalten kann, die klagenden Schreie eines Menschen zu hören sind.

Die Strafe für solche hinterlistigen Stimmimitationen ist ja eigentlich ein Bauch voll Steine und jämmerliches Ertrinken – so läuft das jedenfalls beim bösen Wolf aus dem Märchen. Doch ob man in der echten Tierwelt damit jemanden schrecken kann, ist die Frage. Strauße zum Beispiel fressen freiwillig Steine, um damit im Magen ihre Nahrung zu zermahlen. Und Krokodile tun das Gleiche, gerade weil sie sinken wollen: Ein Bauch voller Steine bleibt besser unten, während sie mit halb aus dem Wasser guckenden Kopf am Ufer lauern und – zum Beispiel – auf ein unvorsichtiges Geißlein warten.

Mundraub

Dem Mitschüler das Pausenbrot mopsen und auf Mundraub plädieren, ist eine uralte Schulhofmasche. Dass Hunger einem das Recht verleiht, sich an anderer Leute Essbarem zu vergreifen, ist jedoch ein Mythos. Vollkommen unbestraft blieb das nie – man bekam höchstens eine mildere Strafe, als wenn man mit vollem Magen klaut. Auch wer heute einen Schokoriegel im Supermarkt mitgehen lässt, kann sich nicht mit dem kleinen Hunger rausreden und hat ruck, zuck eine Anzeige an der Backe.

Im Tierreich gibt es keine Anzeigen – allerdings setzt es schnell mal einen Prankenhieb, wenn man sich zum Beispiel uneingeladen an der Beute eines Löwenrudels bedient. Trotz solcher Gefahren haben sich manche Tiere darauf spezialisiert, quasi ausschließlich mit gewohnheitsmäßigem Mundraub ihren Broterwerb zu bestreiten. Kleptomanen nennt man unverbesserliche Langfinger bei uns, Kleptoparasiten im Tierreich – und manche davon belassen es keineswegs bei ein bisschen harmlosem Ladendiebstahl.

Halbwegs gesittet gehen noch die sogenannten Diebspinnen vor, weswegen sie von Fachleuten oft auch nicht Kleptoparasiten, sondern nur Kommensalen, also Tischgenossen, genannt werden. Sie leben im Netz größerer Spinnen und saugen meist nur darin verfangene Mücken und Blattläuse aus, die der Besitzerin ohnehin zu mickrig sind, oder schlürfen an einem größeren Insekt ein wenig mit. Manchmal klauen sie aber auch ganze, bereits fertig eingesponnene Beutetiere von ihrer Hauswirtin, und bringt diese zu lange nichts Anständiges auf den Tisch, kann es sogar sein, dass aus den kleinen Mundräubern Mörder werden: Ein plötzlicher Biss, und die überraschte Gastgeberin muss selbst als Gastmahl herhalten.

Der Schritt vom Kleptomanen zum Killer ist auch bei Gelben Diebsameisen schnell gemacht. Die kleinen Kerlchen sind zwar nur ein paar Millimeter groß, weshalb sie auch Diebische Zwergameisen genannt werden. Doch sie können ein Sekret aus der Giftdrüse in ihrem Hinterleib abgeben, mit dem sich die Vorratskammern anderer Ameisen genauso effektiv leeren lassen wie ein Klassenzimmer mit einer Dose Furzspray, und sich so unbehelligt dort bedienen. Wie Bankräuber graben sie Tunnel in die fremden Nester und schleppen alles davon, was irgendwie fressbar ist. *Ocean's Eleven Thousand*, könnte man jetzt denken – bestimmt eine ganz sympathische Truppe. Aber fressbar sind eben auch die Eier und Larven der bestohlenen Ameisenvölker, und an denen würden sich die Gentleman-Gauner aus dem Film natürlich nie vergreifen.

Mundraub im wörtlichsten Sinne, nämlich mit dem eigenen Mund direkt aus einem anderen, begehen verschiedene Seevögel. Die berüchtigten Raubmöwen etwa stibitzen ihren Opfern frisch erbeutete Fische geschickt aus dem Schnabel oder zwingen sie sogar mit Gewalt dazu, bereits geschluckte Beute wieder hochzuwürgen. Auch die großen Fregattvögel, bei denen die Männchen zur Balzzeit einen prächtigen roten Kehlsack aufblasen, sind geübte Luftpiraten. Sie klauen nicht nur schmächtigen Seeschwalben, sondern auch ausgewachsenen Pelikanen und Fischadlern ihr Mittagessen, allerdings aus einem seltsamen Grund: Sie sind wasserscheu, weswegen sie ansonsten fast nur Fliegende Fische fressen.

Schaut man ein bisschen zu viel Fernsehen, kann einem angst und bange werden: keine Serie ohne Serienmörder, für jeden Profiler der passende Psychokiller – und schaltet man weiter, gerät man in neun von zehn Fällen mitten in eine Doku über einen der gruseligen Irren hinein! Dann lieber raus an die frische Luft, einen beruhigenden Waldspaziergang machen, den Vögeln beim Zwitschern zuhören, den Grillen beim Zirpen und den Mäusen beim Rascheln. Im schönen Licht der Abendsonne hat man die ganzen menschlichen Monster, Metzger und Mehrfachmeuchler schnell wieder vergessen ... Aber halt, was ist das – ein Stofftier, das jemand über einen Zweig gelegt hat, damit das Kind, das es verloren hat, es besser wiederfindet? Nein, eine echte Maus, bäuchlings auf einen Dorn gespießt wie ein Schmetterling auf eine Nadel und, es lässt sich nicht anders sagen, mausetot. Und dahinter, schon halb im Schatten des Dornstrauchs verborgen, tatsächlich ein Schmetterling, auch er auf die gleiche grausame Weise getötet, gepfählt und zur Schau gestellt – wie sonst in einem Glaskasten. Noch weiter hinein eine kleine Eidechse, ein alle sechse von sich streckender Mistkäfer, ein

Grashüpfer, eine Raupe und – oh Graus – ein Vogeljunges! Auf wessen schauerliche Leichensammlung ist man hier nur gestoßen?

Horten Eichhörnchen gerne Eicheln, so horten Neuntöter gerne Tote. Als Nahrungsvorrat für Schlechtwettertage spießen die spatzengroßen Vögel, denen die Natur zur Markierung eine schwarze Augenmaske aufgesetzt hat, Insekten, Spinnen und kleine Wirbeltiere säuberlich aufgereiht auf Dornenzweige. Ebenso dienen ihnen die Dornen als eine Art Fleischerblock, auf dem sie ihre Beute fachgerecht zerlegen, weswegen in ihrem zoologischen Fachnamen – *Lanius collurio* – auch tatsächlich das Wort „Schlächter" steckt. Es sind die Serienmörder des Tierreichs, die jeden noch so blutrünstigen Filmkiller wie einen blutigen Anfänger dastehen lassen.

Früher dachte man, Neuntöter würden stets erst neun Beutetiere aufspießen, bevor sie zu fressen beginnen, daher der ungewöhnliche Name. Auch als Neunmörder, Neunwürger oder Totengräuel ist der fliegende kleine Serientäter bekannt – dabei kommt er mit seinen zur Schau gestellten Mehrfachmorden eigentlich nur besonders gewissenhaft seinen Vaterpflichten nach. Denn besonders zur Brutzeit, wenn er mit seinem Weibchen den Nachwuchs versorgen muss, legt der Neuntöter seine Leichensammlungen an. Nicht nur schwer für andere Räuber zu erreichende Dornenzweige benutzt er dann dafür, sondern manchmal auch Stacheldraht. Dreißig Maikäfer wurden schon im Leichenkabinett eines Neuntöters gefunden, in einem anderen sieben Mäuse und wieder in einem anderen sieben kleine Vögel.

Oft hört man, dass gerade die schlimmsten Mörder Briefe von allen möglichen Frauen ins Gefängnis bekommen – nicht wenige davon Heiratsanträge. Im Tierreich ist es ähnlich, allerdings aus wesentlich vernünftigeren Gründen: Die schlimmsten Serienkiller, sagen sich die Weibchen, sind auch die besten Versorger, und lassen sich deshalb am liebsten mit den Neuntötermännchen ein, die besonders viele Tote auf dem Gewissen beziehungsweise auf dem Zweig haben.

Als Anfang 2007 der ungewöhnlich starke Orkan Kyrill über Europa hinwegfegte, brachte er den meisten Leuten nichts als Ärger, einigen aber auch neue Schuhe, eine neue Videokamera oder sogar ein neues Motorrad: Durch den Sturm wurden mehrere Container eines in Seenot geratenen Frachters an die englische Küste gespült, aus denen sich die örtliche Bevölkerung prompt bediente. Strandräuber früherer Jahrhunderte – auch solche auf deutschen Nordseeinseln – beförderten kostbares Frachtgut sogar auf heimtückische Weise selbst ins Wasser, wenn es ein Sturm nicht für sie tat: Mithilfe falscher Signalfeuer lockten sie vor der Küste kreuzende Schiffe auf Sandbänke und Riffe und raubten die an Land geschwemmte Ladung. In manchen Fällen sollen sie sogar überlebende Schiffbrüchige umgebracht haben, damit diese sie nicht verpfeifen konnten.

Für eine Motte bedeutet es höchste Seenot, wenn sie sich bei ihrem nächtlichen Flug plötzlich nicht mehr unter freiem Himmel, sondern in einer dunklen Höhle wiederfindet. Was Seeleuten die freundlichen Lichter des Hafens sind, sind ihr dann die funkelnden Lichter der

Sterne – und erblickt sie ein Stück bläulich leuchtenden Himmel, hält sie geradewegs darauf zu.

Und landet – klatsch! – mitten in einem Vorhang klebriger Fäden, die von der Höhlendecke baumeln. Was die Motte für den lichten Höhlenausgang gehalten hat, ist in Wirklichkeit eine Kolonie gefräßiger Mückenlarven, die in ihrer Grotte umherirrende Fluginsekten genauso mit falschen Leuchtfeuern zu sich locken wie Strandpiraten Schiffe. Die bekannteste Kolonie dieser „leuchtenden Spinnenraupen", wie sie mit zoologischem Fachnamen heißen, lebt in einer Höhle in Neuseeland, und fährt man dort mit dem Boot entlang und sieht zur Decke, glaubt man wirklich, in den hellen Sternenhimmel zu blicken.

Die etwa drei Zentimeter langen Larven hausen in röhrenförmigen Kokons, die sie unter der Decke aufspannen und von denen lange Seidenfäden hängen, an denen klebrige Gifttröpfchen aufgereiht sind wie Perlen an einer Kette. Mithilfe eines bläulich schimmernden Leuchtorgans an ihrem Hinterteil locken die Larven Mücken, Fliegen und Nachtfalter in die Falle, ziehen dann ihre Beute wie einen am

Haken zappelnden Fisch zu sich nach oben und fressen sie mit ihren Kauwerkzeugen. Die bis zu fünzig Zentimeter langen Fäden werden von Wissenschaftlern gerne „Angelleinen" genannt.

Dass Nachtfalter und andere Fluginsekten die blauen Lichter an der Höhlendecke mit den Sternen, dem Mond oder einfach dem bläulich schimmernden Nachthimmel verwechseln, ist dabei nur eine Theorie. Denn obwohl jeder das Phänomen kennt, weiß bis heute niemand genau, warum Motten, Mücken und andere Nachtschwärmer eigentlich von Licht angezogen werden. Sicher ist nur, dass das blaue Licht der Spinnenraupen genauso gut funktioniert wie das der mit dem gleichen Farbton arbeitenden Insektenlampen, die man sich für die Terrasse kaufen kann. Und je hungriger die kleinen Höhlenräuber sind, umso heller leuchten sie.

Nicht nur die Spinnenraupen Neuseelands, auch manche echten Spinnen benutzen mit klebrigen Tropfen behängte Seidenfäden, um ihre Opfer zu fangen. Im Grunde tun das sogar fast alle Netzspinnen, nur sind bei den meisten die Tropfen so klein, dass man sie mit bloßem Auge nicht erkennen kann. Eine Spinne jedoch baut sich aus den gleichen Bestandteilen ein noch viel abgefahreneres Fanggerät als alle ihre achtbeinigen Artverwandten zusammen.

Läuft in der argentinischen Pampa einem Gaucho ein Rind weg, schwingt er seine Bola und fängt es wieder ein. Gauchos sind in Südamerika das, was in Nordamerika die Cowboys sind, und die Bola ist ihr Lasso. Sie besteht aus einem Seil oder einem Lederriemen mit mehreren schweren Kugeln am Ende, und der Gaucho wirbelt sie über dem Kopf und wirft sie dem Rind dann so um die Beine, dass es stürzt. Die Bolas sind oft mit viel Liebe gefertigt, die Kugeln reich verziert, und wüssten die stolzen Gauchos, dass nicht nur die Eskimos und die sibirischen Tschuktschen, sondern auch eine kleine Spinne das gleiche Wurfgerät erfunden hat – und ganz ähnlich benutzt –, sie würden bestimmt ziemlich laut *¡mierda!* rufen.

Ja, Scheiße in der Tat – besonders für die armen Teufel, die die Spinne damit fängt. Mehr noch als die neuseeländischen Mückenlarven aus dem vorigen Kapitel haben sich die in fast allen warmen Gegenden der Welt vorkommenden Bolaspinnen auf das Erbeuten von Motten spezialisiert, und flattert eine an ihnen vorbei, schleudern sie ihr Lasso und holen sie wie ein fliegendes Rindvieh aus der Luft. Ihre Bola besteht aus einem kurzen Seidenfaden mit einem zähen Klebetropfen am Ende, und beides ist gleichzeitig so elastisch und so reißfest, dass auch der dickste Brummer nicht mehr davon loskommt.

Nur wie bekommt die Spinne den Brummer in Reichweite ihrer Bola? Sich einfach irgendwo an einem Baum zu hängen und auf vorbeifliegende Motten zu warten, wäre ungefähr so, wie wenn ein Gaucho mitten in der Pampa steht und darauf wartet, dass zufällig ein Rind vorbeiläuft. Wie also macht die Spinne das große Netz wett, das ihre Kolleginnen zum gleichen Zweck in der Luft aufspannen? Leuchtet sie wie die neuseeländischen Larven und lockt so die Nachtfalter zu sich? Oder fängt sie den ersten nur, um auf seinen Rücken zu steigen, und rei-

tet dann wie ein achtbeiniger Cowboy mit ihrem Lasso durch die Nacht?

In den USA, wo das Jagdverhalten der Spinne
besonders gut untersucht wurde, legt sie einfach das richtige Parfüm auf. Das gerissene
kleine Krabbeltier hat es irgendwie geschafft,
den Duft weiblicher Nachtfalter zu kopieren,
und lockt so Abend für Abend sämtliche männlichen Motten des Umlands in seine Arme. Die
Falter können wesentlich besser riechen, als sie
sehen können, und selbst wenn sie die Spinne
schließlich aufgeregt umkreisen, erkennen sie
ihren Irrtum nicht. Erst wenn ihnen die Spinne ihren klebrigen Tropfen gegen die Flügel
schleudert und dann ihre giftigen Fänge in den
Chitinpanzer rammt, kapieren sie wahrscheinlich, was Sache ist.

Nicht alle Faltermännchen stehen aber auf das
gleiche Parfüm, und was die Art magisch an-
zieht, die bis Mitternacht unterwegs ist, beißt
der in der Nase, die erst später ausschwärmt.
Deswegen wechselt die Spinne im Laufe des
Abends die Duftnote – das einzige Cowgirl im
Wilden Westen, dass nicht nur *Chanel No. 5*,
sondern auch *Midnight Poison* von Dior in den
Satteltaschen hat.

Auch die Larven eines kalifornischen Käfers ahmen den Duft weiblicher Fluginsekten nach, um männliche Fluginsekten zu sich zu locken – begehen also Heiratsschwindel. Allerdings ist ihr Täuschungsmanöver noch mal eine ganze Ecke erstaunlicher als das der flunkernden Bolaspinnen.

Die Larven sind der Nachwuchs von schwarzen Ölkäfern, die in der südkalifornischen Wüste an den paar Pflanzen nagen, die dort rumstehen. An den Blüten der gleichen Pflanzen holen Bienen sich ihren Nektar, und so haben die Ölkäfer sich eine ziemlich miese Tour ausgedacht, um ihre Kinder zu versorgen. Ihre Larven sehen aus wie winzige rote Maden mit sechs Beinen, und sobald sie aus ihren Eiern geschlüpft sind, klettern sie in die hübschen Blüten der Pflanzen, warten auf eine Biene und klammern sich an ihren Bauch.

Die Bienen, die dort in der kalifornischen Wüste leben, sind nicht so gesellige Tierchen, wie wir sie kennen, es sind Einsiedlerbienen. Sie hausen nicht mit Tausenden anderen Bienen in einem Stock, sondern fliegen allein in der Gegend umher und legen ihre Eier in kleinen Gängen im Sand ab, aus denen dann im nächsten Sommer neue Bienen hervorkrabbeln. Damit ihre Larven genug zu fressen haben, befüllen die Bienenmütter die vielen einzelnen Brutkammern jedes Gangs mit je einem dicken Klecks Honig und schütten dann den Gang wieder zu, um ihren Nachwuchs vor Räubern zu schützen.

Bei dem sitzen die fiesen kleinen Käferlarven aber schon längst unter der Erde! Ohne es zu merken, hat die Bienenmutter die schlauen Schmarotzer selbst in ihr Nest getragen, und jetzt fallen die dort erst über ihre Eier her und dann über den eigentlich für ihre Kinder bestimmten Honig. Statt süßer junger Bienen krabbeln im nächsten Sommer hässliche schwarze Käfer aus dem Sand. Zum Glück ist die Bienenmutter dann schon tot und muss die Tragödie nicht mit ansehen.

Damit diese linke Nummer funktioniert, leben aber nicht überall in der Wüste genug Bienen. In manchen Gegenden warten die Larven wochenlang in ihren Blüten, ohne dass je eine Biene vorbeikommt. Deswegen haben sich die Ölkäferlarven dort einen unglaublichen Trick einfallen lassen, um die Bienen zu sich zu locken.

Hunderte der Larven klettern gemeinsam auf einen Pflanzenhalm und tun so, als seien sie eine Biene. Sie bilden einen dicken Klumpen, der genau die richtige Größe hat, und verströmen den Duft, mit dem sonst weibliche Bienen Männchen zu sich locken. Kommt ein Bienenmann angeflogen, erlebt er die Überraschung seines Lebens. Kaum landet er aufgeregt auf der betörend duftenden Bienendame, die er da entdeckt hat, verwandelt sie sich in unzählige kleine Würmer, die sich im Handumdrehen in seinem Pelz festkrallen.

Trotz dieses traumatischen Erlebnisses haben die Männchen in der Regel noch nicht genug von der Liebe, und das ist gut für die Larven, denn um letzten Endes wirklich in einem der unterirdischen Nester zu landen, müssen sie von der männlichen noch auf eine weibliche Biene umsteigen. Das Einzige, was dann noch schiefgehen kann, ist, dass die falsche Art von Biene auf ihren Heiratsschwindel reingefallen ist: In dem Fall ist der Honig in dem Nest zu flüssig, und die Larven ertrinken darin.

Der Schläfer

Ob Schläfer wirklich gut schlafen, ist so eine Frage. Im Geheimdienstjargon werden so Terroristen genannt, die scheinbar ein ganz normales Leben führen, jedoch gleichzeitig ein Attentat auf ihre Mitmenschen planen – und dass das einer friedlichen Nachtruhe förderlich ist, kann man sich eigentlich kaum vorstellen. Schläfer, würde man vermuten, schlafen eher schlecht. Wenn sie vor lauter Selbstzweifeln und Gewissensbissen überhaupt je ein Auge zumachen.

Wie gut der Fisch schläft, der am afrikanischen Malawisee „Schläfer" genannt wird, darüber ist nichts bekannt. Der Malawisee liegt im Südosten Afrikas und ist beinah so groß wie ein kleines Meer. Hier leben extrem viele verschiedene Buntbarsche – die Evolution hat so oft herumprobiert, bis mehrere Hundert unterschiedliche Arten herausgekommen sind, jede mit ganz besonderen Eigenschaften. Der Schläfer oder *Kaligono*, wie er bei den Einheimischen heißt, hat seinen Namen von der Gewohnheit, sich flach auf den Boden zu legen, wenn die Fischer ihre Netze durch den See ziehen, und ihnen so zu entwischen. Doch auch bei der eigenen Jagd spielt er den Schlafenden – und zwar sehr tief Schlafenden – und täuscht auf diese Weise seine Opfer.

Der Schläfer ist etwa fünfundzwanzig Zentimeter groß und frisst gerne kleine Buntbarsche, die am Rand des Sees zwischen den Felsen rumschwimmen und Algen davon abschaben. Anders als die meisten anderen Buntbarsche in dem See ist er nicht wirklich bunt, sondern weiß mit schimmelbraunen Flecken, und wenn die kleinen Barsche den hässlichen großen Burschen sehen, nehmen sie schleunigst Reißaus. Deswegen schlägt er ihnen mit einem listigen Trick ein Schnippchen.

Der Schläfer legt sich auf den Boden, gräbt sich ein bisschen in den Sand ein und tut nicht nur so, als würde er schlafen, sondern als wäre er *ent*schlafen, also tot, und das schon seit einer ganzen Weile. Mit seiner blassen Haut und den braunen Flecken sieht er aus wie ein langsam auf dem Seeboden vor sich hin rottender Kadaver. Die algenfressenden Kleinbarsche fressen nicht nur Algen, sondern auch Aas, und so nähern sie sich ihm bald neugierig. Hätten sie auch nur einen halbwegs anständigen Zombie- oder Vampirfilm gesehen, sie wüssten es mit Sicherheit besser.

Gerade wenn der mutigste der kleinen Barsche sich einen Happen von dem leckeren toten Fisch abknapsen will, macht es schnapp – und er wird selbst gefressen. Zombies sind halt fies und Schläfer gute Schauspieler. Im Gegensatz zu den meisten Opfern in Horrorfilmen hatte der kleine Fisch aber wenigstens einen guten Grund, dem Verderben mitten in die Arme zu laufen.

Wer jetzt glaubt, der Schläfer habe sich da eine ziemlich üble Methode ausgedacht, auf Kosten seiner Mitfische zu leben, sollte mal seine Verwandtschaft kennenlernen. Die sogenannten Schuppenfresser zum Beispiel ernähren sich davon, anderen Buntbarschen die Schuppen vom Leib zu reißen, und eine Art hat sich dafür sogar extra ein seitlich versetztes Maul wachsen lassen. Noch übler drauf sind die Kinderfresser, von denen es so viele verschiedene Arten im Malawisee gibt, dass die meisten Buntbarsche dort ihren Nachwuchs im eigenen Maul aufziehen. Doch selbst da ist er vor den findigen Kinderfressern nicht sicher: Sie rammen den Kopf der Eltern, damit diese die leckeren Jungfische ausspucken, oder saugen ihnen ihre Brut sogar mit einer Art Kuss des Todes direkt aus dem Maul.

Vogelmörder

Eichhörnchen sind süß. Wer ganz genau wissen will, wie süß, sollte auf die Internetseite des *Eichörnchen Schutz e. V.* gehen. Die tierlieben Gründer dieses Vereins haben sich der Aufzucht und Wiederauswilderung aus dem Nest gefallener Eichhörnchenkinder verschrieben und zeigen mithilfe von Fotos, wie man die putzigen kleinen Waisen richtig füttert, warm hält und in einer Fleecemütze mit sich rumträgt. Jeder Mensch, der sich diese Bilder ansehen kann, ohne das Gefühl zu haben, sein Herz verwandele sich in einen Klumpen warmes Karamell, gehört eingesperrt. Gott, die kleinen Dinger sind so süß, man möchte am liebsten sofort rausgehen und am nächsten Baum rütteln, nur um selbst mal eins mit der Milchspritze wieder aufpäppeln zu können. Eisbär Knut war dagegen ungefähr so niedlich wie ein drei Tage altes Rattenjunges.

Aber das ist natürlich alles nur ein Trick. Auf der Webseite finden sich auch Hinweise zu den Fressgewohnheiten von Eichhörnchen, und gleich unter einer Liste der zu erwartenden Nuss- und Körnerkost steht das leicht verschämte Eingeständnis, dass die herzigen kleinen Nager auch frisch gelegte Vogeleier manchmal nicht verschmähen. Weiter erfährt man an der Stelle dazu nichts, und die unangenehme Frage, ob Eichhörnchen „Vogelmörder" sind, wird erst in einem extra zu dem Thema angebotenen Infoblatt vollständig beantwortet. Ja, heißt es hier, die possierlichen Tierchen fressen nicht nur manchmal Vogeleier, sondern – wenn auch „noch seltener" – Vogel*junge*.

Von wegen harmlose Nüssesammler, die sich höchstens mal im Winter an einem nicht für sie gedachten Meisenknödel vergehen – alles nur clever kalkulierte Fassade! Man muss den ach so süßen Hörnchen nur ein bisschen auf die Nagezähne fühlen, schon entpuppen sie sich als skrupellose Fleischfresser, Nesträuber und Kükenmörder.

Dass Eichhörnchenschützer das zugeben, ist schon ein Fortschritt. Noch vor gar nicht langer Zeit wollten sie von solchen grausamen Fakten nichts wissen und versuchten, sämtliche Vogelmorde des Landes überfütterten Hauskatzen in die Schuhe zu schieben, welche die armen Piepmätze einfach so zum Spaß umbrächten. Tierfreund ist eben nicht gleich Tierfreund – und tut man sich ein bisschen unter ihnen um, merkt man, dass gerade in puncto

Vogelmord eigentlich jeder mit dem Finger auf den jeweils anderen zeigt.

Im liebevoll gestalteten Blog eines Berliner Katzenbesitzers werden nicht Katzen, sondern Ratten, Marder, Krähen und Elstern für den größten Teil der unschönen Nesträuberei verantwortlich gemacht. Das *Komitee gegen den Vogelmord* hingegen möchte gerade die auf dem Katzenblog gescholtenen Rabenvögel nicht als „Vogelmörder" bezeichnet sehen und wälzt zumindest einen Teil der Schuld wieder auf die Eichhörnchen ab.

Beim *Eichhörnchen Schutz e. V.* geht man sogar noch einen Schritt weiter und behauptet, im Zusammenhang mit Tieren überhaupt von Mord zu sprechen, sei nicht angemessen. Aber jeder, der dieses Buch liest, weiß natürlich, dass das Unsinn ist ...

Möwen sind gewitzte Vögel. Schlau genug, um Fischkuttern zu folgen, Muscheln auf Felsen fallen zu lassen, um an ihren Inhalt ranzukommen, und sogar mit Brotstücken Fische zu sich zu locken wie menschliche Angler. Nur manchmal weiß man nicht, was man von ihnen halten soll. Da sieht man sie abseits von Meer und Strand in einem Park oder an einem Flussufer auf dem Rasen stehen und mit ihren Watschelfüßen auf den Boden trommeln, als wollten sie dem irischen Tanzkünstler Michael Flatley Konkurrenz machen.

Was um Himmels willen treiben die Vögel da? Soll das eine Art Balzdarbietung sein? Eine Aufwärmübung? Oder haben die Möwen tatsächlich irgendwo eine Open-Air-Show des *Lord of the Dance* gesehen und sich von seiner unbändigen Tanzleidenschaft anstecken lassen?

Nun, sieht man den Möwen etwas länger beim Tanzen zu, kann man oft beobachten, dass nach einer Weile ein Regenwurm direkt vor ihrem Schnabel aus dem Boden kriecht – den sie sich natürlich sofort schnappen. Auch sie tanzen offensichtlich für eine Gage und locken mit ihrem rhythmischen Getrommel schmackhafte Würmer aus der Erde.

Was allerdings sofort die neue Frage aufwirft, was die Würmer sich dabei denken? Wenn sie merken, dass irgendwo über ihnen ein Vogel rumwatschelt, wäre es dann nicht wesentlich schlauer, *tiefer* in die Erde zu kriechen statt daraus hervor? Möwen sind wirklich extrem gerissen, das steht nun fest. Aber Regenwürmer scheinen ziemlich unterbelichtet zu sein – wen wundert's auch bei Tieren, die ihr ganzes Leben lang blind im dunklen Erdreich rumkriechen.

Lange hat man gedacht, die Würmer würden glauben, das Trommeln werde von einem heftigen Regenschauer verursacht, und kämen aus dem Boden, um nicht darin zu ertrinken. Heute weiß man aber, dass sie selbst bei einer wahren Überschwemmung ohne Weiteres in ihren unterirdischen Fraßgängen überleben. Sie kriechen nicht aus dem Boden, weil sie das Trommeln mit Regen verwechseln, sondern mit den Vibrationen, die ein Maulwurf verursacht, wenn er sich durch die Erde gräbt. Wie Fische, die von einem Hai verfolgt werden, fliehen sie an die Oberfläche und „springen" aus ihrem eigentlichen Element heraus – nur eben wesentlich langsamer als Fische.

Nicht nur Möwen lösen den falschen Maulwurf-Alarm aus, um Regenwürmer aus dem Boden zu locken, auch andere Vögel wie Kiebitze und Drosseln benutzen den Trick. Bestimmte Schildkröten werden ebenfalls regelmäßig beim Tanz des Todes beobachtet, allerdings bevorzugen sie einen anderen Tanzstil als die Möwen und stampfen stets mehrmals mit jedem Vorderfuß auf, bevor sie das Bein wechseln. Würde man all diese Tiere zusammen auf die Bühne stellen, sie könnten tatsächlich in der Show des irischen Tanzkönigs mitmachen. Das Publikum müsste nach jeder Einlage nur mit Regenwürmern schmeißen, und die Sache wäre perfekt.

Sogar Menschen verwenden die Technik, um an Köder für ihre Angelhaken zu kommen. In England stecken sie dazu eine Mistgabel in den Boden und schlagen mit einem Stock dagegen, in den USA bringen sie einen in die Erde gerammten Pfahl mit einer Säge oder Eisenstange zum Vibrieren – was sich dann Wurmgrunzen, Wurmfiedeln oder Wurmbeschwören nennt. Manche Leute verdienen damit sogar ihren Lebensunterhalt, und in jährlichen Wettbewerben wird der beste Wurmbeschwörer ermittelt.

Erpressung

Das Leben von Kuckucken ist komplizierter, als man denkt. Einfach in irgendeinem fremden Nest ein Ei ablegen, wieder die Flatter machen und den anderen das Füttern und Windelwechseln überlassen – damit ist es nicht getan. Erst mal geht es darum, überhaupt die richtigen Pflegeeltern zu finden, denn ähneln deren Eier nicht den eigenen, kann der Schwindel schnell auffliegen. Manchen Vögeln könnte man einen Pingpongball ins Nest schmuggeln und würde damit durchkommen, andere aber sehen sich ihre Eier sehr genau an. Und selbst wenn man die richtige Sorte Eierleger gefunden hat, bleibt die Frage, ob die auch wirklich was vom Kinderaufziehen verstehen. Gewissen Kuckucken scheint es ziemlich egal zu sein, bei wem ihr Nachwuchs aufwächst, und unerfahrene Vogelpärchen sind ihnen sogar lieber, weil sich denen leichter ein fremdes Ei unterjubeln lässt. Andere Kuckucke aber begutachten das Nest der fremden Eltern so kritisch, als handele es sich um eine Art Eliteinternat.

Dann kommt der heikle Moment der Eiablage selbst, in dem das Kuckucksweibchen ein Ei mit dem Schnabel aus dem fremden Nest nehmen und rasch selbst eins darin ablegen muss.

Auch hier gibt es Vögel, die offenbar so schwer von Begriff sind, dass das Weibchen die Eier direkt vor ihren Augen austauschen kann, und sie kapieren trotzdem nicht, was abläuft. Meistens wartet das Kuckucksweibchen aber lieber auf einen Moment, in dem das Nest unbewacht ist, um ihren Betrug zu begehen. Bei bestimmten südafrikanischen Kuckucken, die eher Elstern ähneln, lenkt sogar das Männchen die fremden Vogeleltern eine Zeit lang ab, damit das Weibchen in Ruhe die Eier austauschen kann.

Doch auch jetzt lehnen sich viele Kuckucke und kuckucksähnliche Vögel noch nicht zurück, sondern schauen regelmäßig bei den Pflegeeltern vorbei, um zu kontrollieren, wie sie sich um ihren Nachwuchs kümmern. Und fällt die Behandlung allzu stiefmütterlich aus, werden manche ganz schön sauer.

Trotz der Vorsichtsmaßnahmen der Kuckucke erkennen viele Vogeleltern das fremde Ei und werfen es einfach aus dem Nest, statt es zusammen mit ihren eigenen Eiern zu bebrüten. Dann kann es allerdings passieren, dass die wütende Kuckucksmutter über ihr Nest herfällt und auch ihr Gelege mit ein paar gezielten Schnabelhieben zu Rührei verarbeitet. Sieht nach Rache aus, ist aber eher so eine ähnliche Nummer wie bei der Mafia, die einem das Restaurant verwüstet, wenn man sein Schutzgeld nicht bezahlt: Durch die Vergeltungsaktion will die Kuckucksmutter dafür sorgen, dass die Vögel es sich in Zukunft zweimal überlegen, bevor sie ein fremdes Ei aus dem Nest schmeißen.

Forscher glauben, dass das mit ein Grund sei, warum Vögel manchmal fremde Eier in ihrem Nest akzeptieren, die ihren eigenen nicht im Geringsten ähneln. Diese Vögel seien keineswegs immer so dumm oder naiv, dass sie den Betrug nicht erkennen – bei dem fremden Ei handele es sich nur einfach um ein Angebot, das sie nicht ablehnen können. Sie werden sozusagen von der Vogelmafia erpresst, und die droht nicht nur, ein paar Stühle und Tische zu zertrümmern, sondern gleich den gesamten Nachwuchs auszulöschen. In den USA bieten deshalb manche Vögel den gefiederten Mafiosi gleich lieber freiwillig an, eins ihrer Küken mit aufzuziehen: Nur so können sie sicher sein, dass die brutalen Erpresser auch den Rest ihres Geleges in Ruhe lassen.

Wer andern eine Grube gräbt ...

Steigt selbst hinein – und zwar, um dort auf unachtsame Passanten zu lauern. So macht es jedenfalls der Ameisenlöwe, der nicht die Löwenversion eines Ameisenbären, also eines ameisenfressenden Säugetiers ist, sondern ein kleines Insekt, das auch bei uns in Deutschland manchmal in sandigen Böden vorkommt. Es ist hässlich, gemein und verspeist tatsächlich gerne Ameisen. Doch schleckt es sie nicht einfach wie der Ameisenbär mit einer langen Zunge von der Erde auf, sondern hat eine viel raffiniertere Methode, um sie fangen.

Ameisenlöwen sind eigentlich nur die Larven von Ameisenjungfern, libellenähnlichen Fluginsekten, die sich tagsüber im Gras verstecken und nachts Jagd auf kleine Motten machen. Dafür, dass die Ameisenlöwen also im Grunde noch gar nicht erwachsen sind, haben sie es jedoch faustdick hinter den Ohren. Sie sind ungefähr so groß wie ein Fingernagel, haben einen borstigen braunen Rücken und einen quadratischen Kopf mit sieben schwarzen Äuglein und zwei riesigen Kieferzangen vorne dran. Würde eins der kleinen Ungetüme in *Star Wars* auftauchen, man würde sich nicht wundern – und tatsächlich kommt in einer Folge des Science-Fiction-Epos ein dem seltsamen

Insekt nachempfundenes Sandmonster vor, dem Luke Skywalker und seine Freunde zum Fraß vorgeworfen werden sollen.

Wie dieses Monster leben viele Ameisenlöwen in trichterförmigen Gruben im Sand, in deren Mitte sie halb eingegraben darauf warten, dass Beute vorbeikommt. Sie heben die Gruben mithilfe ihrer großen Kieferzangen aus und machen die Wände genau so steil, dass der Sand bei jeder kleinsten Belastung sofort zu rutschen anfängt. Läuft eine Ameise, eine Assel oder eine Spinne am Rand der Grube entlang, gleitet sie mit einer kleinen Sandlawine geradewegs auf die gierig geöffneten Kiefer des Ameisenlöwen zu, und jeder Versuch, aus der Falle wieder rauszukrabbeln, ist meist vergebens: Auf den losen Trichterwänden strampeln die armen Tierchen auf der Stelle, als hätten sie ein Laufband unter den Füßen.

Um die Sache noch übler zu machen, schleudert der Ameisenlöwe von unten mit den Kiefern Sand auf seine Opfer, sodass sie sich erst recht nicht mehr halten können. Rutschen sie schließlich bis in seine Reichweite, packt er sie, spritzt ihnen Gift ein und fängt an, sie langsam auszusaugen. Die leere Hülle fliegt dann etwa eine Stunde später in hohem Bogen aus der Grube.

Nur eine Wespe von der Sorte, wie sie schon im Kapitel über die Insektenpolizei vorkommt, rückt das Sprichwort wieder gerade und sorgt dafür, dass dem Ameisenlöwen die von ihm gegrabene Grube selbst zum Verhängnis wird. Diese Erzwespe setzt sich absichtlich auf die Wand des Trichters und lässt sich so lange von dem Ameisenlöwen mit Sand bewerfen, bis sie ganz zu ihm hinunterrutscht. Statt sich von ihm packen zu lassen, steigt sie jedoch auf seinen Rücken und sticht ihm mit ihrem Stachel in den Nacken: Wie die Schlupfwespen aus dem Kapitel *Polizeiruf 110* legt sie ihren Nachwuchs in dem kleinen Sandmonster ab, der es dann nach und nach von innen auffrisst.

Okay, Seesterne hält man auf den ersten Blick jetzt nicht unbedingt für gefährliche Raubtiere. Liegen hohl und knöchern bei Tante Erna auf dem Fensterbrett oder hängen beim Griechen im Dekonetz, und selbst wenn man sie irgendwo im Meer sieht, wirken sie nicht viel lebendiger. Können die sich überhaupt bewegen, oder liegen die da nur den ganzen Tag rum und warten drauf, dass sie jemand aufhebt und daheim in die Badezimmervitrine steckt? Sind es denn wirklich Tiere? Oder nur irgendwelche komischen Meeresgewächse, die mit der Brandung durch die Gegend gespült werden und dann an einem Felsen kleben bleiben?

Genau wie Seeigel, die man oft neben ihnen am Fels kleben sieht, sind Seesterne Tiere, und zwar aus dem Tierstamm der Stachelhäuter, zu dem außerdem noch die Seegurken und die Seelilien gehören. Sie bewegen sich mithilfe winziger Saugfüßchen fort, mit denen die Unterseite ihrer Arme bedeckt ist und auf denen sie über den Meeresgrund gleiten wie ein sternförmiges Luftkissenboot. Anders als ihre nahen Verwandten, die Schlangensterne, müssen die Seesterne dazu nicht die Arme bewegen, weswegen man leicht den Eindruck bekommen kann, sie würden sich überhaupt nicht vom Fleck rühren. Doch sie rühren sich schon, nur eben so langsam, dass man ihnen schon eine ganze Weile zusehen muss, um es zu bemerken.

Das ist nicht schlimm, denn die Tiere, auf die sie am liebsten Jagd machen, sind auch nicht gerade große Sprinter. Anders, als man annehmen würde, können auch Miesmuscheln sich ein bisschen bewegen. Dazu spannen sie mit ihrem dicken Muskelfuß feine Eiweißfäden vor sich auf dem Boden aus und ziehen sich daran entlang. Eine schlaue Technik – wenn wahrscheinlich auch etwas zu umständlich, um einem so flinken Jäger wie dem Seestern damit zu entkommen. Der fällt jedoch sowieso lieber über die Muscheln her, wenn sie sich bereits fest mit ihren Fäden an irgendeinem Fels oder Dockpfeiler vertäut haben.

Dann beginnt einer der grausamsten und langwierigsten Ringkämpfe, die es im Tierreich gibt. Fällt ein Löwe eine Antilope an, braucht man meist eine Zeitlupenaufnahme, um etwas zu erkennen, diese Begegnung aber schläfert einen schon in Echtzeit ein. Spürt die Miesmuschel, dass ein Seestern sich nähert, schließt sie ihre

Schale, die der Seestern dann mit den Saugfüßchen an seinen Armen wieder aufzuziehen versucht. Beide Tiere sind ungefähr gleich stark,
und die im Schneckentempo ausgetragene
Kraftprobe dauert oft mehr als eine Stunde. Allerdings hat der Seestern einen Vorteil: Er muss
die Muschel nur einen winzigen Spalt weit auf-
bekommen – schon hat er gewonnen.

Wie ein Vertreter, der einem eine unnütze Versicherung andrehen will, stellt der Seestern nicht
nur einen, sondern gleich einhundert Füßchen
in den Spalt und sorgt so dafür, dass die Miesmuschel ihre Haustür nicht mehr schließen
kann. Dann wird es für sie richtig mies, denn
der Seestern hat nicht nur einen Magen, sondern zwei, von denen er einen unten aus seinem Körper stülpen kann wie eine leere Hosen-
tasche. Diesen Magen quetscht er jetzt durch
den Spalt zu der Muschel hinein und verdaut
sie langsam in ihrem eigenen Heim. Nach etwa
einer Stunde ist die Schale leer, und er kriecht
weiter zu seinem nächsten Opfer.

Der Safeknacker

Wer was wegzuschließen hat und sich einen Tresor anschaffen will, entscheidet sich heute meist für ein Modell mit elektronischer Tastatur an der Tür. Ist ja auch klar, weiß man doch, dass ein geübter Safeknacker die Dinger mit dem Drehschloss in null Komma nichts offen hat. Ohr an die Stahltür legen, ein bisschen an der Scheibe mit den Nummern rumklicken, schon ist die Sache erledigt – sieht man ja oft genug in Filmen. Das funktioniert zwar wirklich nur in Filmen und dürfte streng genommen selbst da höchstens funktionieren, wenn der Safe ein Uraltmodell aus dem Wilden Westen ist. Aber wer will sich darauf schon verlassen, wenn es um wichtige Wertsachen geht?

Im Urwald Madagaskars versuchen Käfer, ihre Kinder wegzuschließen, und zwar im Holz großer Bäume, in deren Rinde sie ihre Eier ablegen. Von dort fressen sich dann die aus den Eiern schlüpfenden Larven noch weiter in den Baum hinein, bis zu mehrere Zentimeter tief, wo sie eigentlich genauso sicher sind wie in einem Safe, vor allen hungrigen Räubern geschützt. Doch auch in den Wäldern Madagaskars gibt es einen Safeknacker – und wird es Nacht, geht er auf Beutezug.

Normalerweise sagt man bei Safeknackern und anderen Dieben immer nur, sie seien Langfinger, aber bei diesem stimmt es wirklich. Er sieht aus wie eine Mischung aus Fledermaus, Eichhörnchen und Stinktier, ist in Wirklichkeit aber ein Lemur – also eine Art Affe – und hat extrem lange Finger, von denen der mittlere jeweils so dünn ist wie ein Taktstock. Mit diesem Finger klopft das seltsame Wesen auf die Urwaldbäume, auf denen es herumklettert, und horcht gleichzeitig mit seinen großen Ohren aufmerksam darauf, was sich unter der Rinde tut. Es ist ein sogenanntes Fingertier oder Aye-Aye, und es wendet die gute alte Safeknackermethode an, um unterm Holz verborgene Gänge und Hohlräume zu finden, in denen leckere Käferlarven leben.

Hat es eine Larve aufgespürt, geht es zur Brechstangenmethode über, beißt die Rinde auf und pult das mit Holzmehl vollgefressene Käferkind mit seinem dünnen Finger aus dem Gang. Der Finger sieht aus wie verknöchert, ist aber sehr gelenkig und biegsam und hat vorne einen hakenförmigen Nagel. Wie mit einer lebendigen Häkelnadel fährt das Fingertier mit der eigenartigen Gliedmaße in den schmalen Holzgängen herum und befördert ihre Bewohner in sein genüsslich schmatzendes Maul. Auch Kokosnüsse prüft es mit dem dünnen Klopffinger auf ihren Reifegrad und löffelt sie nach dem Aufbeißen wie mit einem chinesischen Essstäbchen damit aus.

Die Einheimischen fürchten sich vor dem seltsamen Safeknacker aus dem Urwald, halten ihn für eine Art Dschungelkobold, und zeigt er mit seinem gruseligen Knochenfinger auf sie, glauben sie, sie müssten bald sterben. Andere malen sich sogar noch schlimmere Dinge aus und denken, der kleine Halbaffe könnte sich nachts in ihr Haus schleichen und ihnen mit seinem langen Finger das Herz durchbohren.

Selbst den amerikanischen Filmemachern, die der afrikanischen Insel mit dem Trickfilm *Madagascar* ein kleines Denkmal gesetzt haben, war das merkwürdige Aussehen des Aye-Aye wohl nicht so richtig geheuer. Einer der Lemuren, auf welche die New Yorker Zootiere in dem Film treffen, soll ein Fingertier sein – doch Finger hat man ihm lieber ganz normale gegeben.

Brudermord

In der Bibel tötet Kain seinen Bruder Abel, weil er neidisch auf ihn ist. Das kommt auch bei Vögeln vor, aus einer Art fanatischem Futterneid, der manche Küken selbst dann zum Brudermord treibt, wenn eigentlich genug Futter da ist. Die Sache ist so fest in den fiesen kleinen Piepmätzen verankert, dass man in der Fachwelt von „Kainismus" spricht.

Schon über Kuckucke steht im Kapitel *Erpressung* nicht die ganze Wahrheit. Sicher, bei ihnen sind die Eltern nicht gerade nett, aber so richtig gemein sind eigentlich erst die Kinder. Kaum sind sie geschlüpft, machen sie sich sofort daran, sämtliche anderen Eier aus dem Nest zu schmeißen. Nackt und blind, wie sie sind, drücken sie die Eier mit dem Rücken über den Nestrand, und haben sich bereits auch andere Küken aus ihrer Schale befreit, tun sie mit ihnen dasselbe. Die Natur lässt sie für das mörderische Geschäft extra mit einer kleinen Kuhle im Rücken auf die Welt kommen und stattet sie sogar mit einer besonderen „Kaltblütigkeit" aus, damit sie sich morgens schon bewegen können, während die anderen Küken noch starr vor Kälte auf dem Nestboden liegen. Die Küken einer amerikanischen Kuckucksart haben sogar spezielle Haken am Schnabel, die es ihnen leichter machen, die übrigen Küken im Nest totzubeißen.

Nun könnte man glauben, Kuckucksküken mordeten deswegen so kaltblütig alle anderen Nestinsassen, weil es ihre Stiefgeschwister sind. Dass die nicht gut miteinander auskommen, weiß man ja schon aus dem Märchen *Aschenputtel*. Doch auch echte Vogelgeschwister beneiden und bekriegen sich oft bis zum Brudermord. Wie bei Kain und Abel sind es meist die älteren Geschwister, die den jüngeren das Futter wegschnappen, sie aus dem Nest drängen oder sogar mit dem Schnabel auf sie einhacken. Ist das Futter knapp, kommt das bei vielen Greifvögeln vor, ebenso bei Möwen, Reihern, Pelikanen und sogar Kakadus.

Bei vielen Adlerarten jedoch ist es egal, wie viel Futter zur Verfügung steht, von den zwei Küken, die normalerweise im Nest schlüpfen, bleibt grundsätzlich nur das ältere übrig. Kaum bricht sein jüngeres Geschwisterchen aus dem Ei, beginnt das erstgeborene Küken, es mit Schnabelhieben zu traktieren, schüchtert es so sehr ein, dass es sich nicht mehr um Futter zu betteln traut, oder hackt es einfach tot. Bei einem afrikanischen Adlerküken hat ein Forscher mal 1.500 solche Schnabelhiebe in nur drei Tagen gezählt. Die Eltern schreiten nicht ein, und ist das jüngere Küken schließlich verendet, verfüttern sie es manchmal sogar an das ältere.

In der Bibel markiert Gott Kain mit einem Mal – dem sogenannten Kainsmal –, um ihn ein für alle Mal als Mörder seines Bruders zu kennzeichnen. Bei den brudermordenden Adlern wäre so ein Mal jedoch ziemlich sinnlos, denn einmal Mörder heißt dort nicht unbedingt immer Mörder. Nimmt man den jüngeren Adler nämlich eine Zeit lang aus dem Nest und setzt ihn in etwas größerem Zustand wieder hinein, lässt ihn der ältere Adler plötzlich in Ruhe. Hätte Kain rechtzeitig die Chance dazu gehabt, er hätte Abel auf jeden Fall um die Ecke gebracht, doch jetzt scheint sich seine mörderische Natur auf wundersame Weise gewandelt zu haben.

Und auch umgekehrt wird schrecklicherweise ein Schuh draus. Denn trennt man den jüngeren Adler kurz nach dem Schlüpfen vom älteren Adler und setzt ihn in ein Nest, wo *er* der ältere Adler ist, wird Abel zum Kain und begeht den Mord, für den die Natur eigentlich seinen

Macbeth, *Hamlet*, der englische Bürgerkrieg und die Französische Revolution, na klar – aber der berühmteste Königsmord aller Zeiten findet doch zweifellos in *König der Löwen* statt, wo der hinterhältige Scar Simbas Vater in eine Schlucht mit galoppierenden Gnus schmeißt. Tatsächlich ist es unter Löwen gang und gäbe, dass der Anführer eines Rudels von einem anderen Löwen herausgefordert und getötet wird. Gnus kommen dabei selten zum Einsatz, eher Krallen und Reißzähne, und die Verletzungen sind auch nicht zwangsläufig so schwer, dass der Verlierer daran stirbt. Aus dem Rudel verstoßen wird er jedoch auf jeden Fall, und um die Niederlage besonders bitter zu machen, tötet der neue Rudelführer in der Regel auch noch alle seine Kinder.

Danach, fröhliche Disney-Lieder zu singen, ist dem Unterlegenen dann bestimmt nicht mehr – Hakuna Matata, das könnt ihr euch an den Hut stecken! Sein einziger Trost wird sein, dass auch der neue König der Löwen sich für gewöhnlich höchstens zwei, drei Jahre auf seinem Thron halten kann. Dann kommt ein anderer Königsmörder und zieht auch ihm wieder das Fell über die Ohren.

Kaum weniger wacklig sitzt die Krone im Insektenreich. Hier müsste man streng genommen eher von Königinnenmord sprechen, denn die gemeuchelten Thronhalter sind allesamt weiblich. Aber dafür stehen sie wie bei uns Menschen nicht nur kleinen Rudeln, sondern richtigen Staaten vor – zum Teil mit vielen Tausend Untertanen.

Bei unseren braven heimischen Honigbienen kommt so was Umstürzlerisches wie Herrschermord natürlich nicht vor. Im Gegenteil, hier benehmen sich die Royals geradezu mustergültig, und wird es im Nest zu eng, sucht sich die Königin einfach mit einem Teil des Volkes ein neues und überlässt den Thron einer ihrer Töchter. In den USA jedoch wird den aus Europa stammenden Honigbienen ihre Wohlerzogenheit gerade zum Verhängnis. Dort machen sich seit einigen Jahren ruppige Emporkömmlinge breit, die aus einer Kreuzung mit afrikanischen Bienen entstanden sind. Diese hochaggressiven „Killerbienen" stechen nicht nur regelmäßig Rentner, Kinder und Haustiere tot. Sie überfallen auch die Nester anderer Bienen, töten deren Königin und ersetzen sie durch ihre eigene.

Noch üblicher ist die feindliche Übernahme bei Wespen und Hornissen. Diese haben kleinere, nur jeweils für einen Sommer gegründete Staaten, und besonders, wenn eine Königin noch nicht über viel Wachpersonal verfügt, versuchen bei mehreren Arten andere Königinnen, sie von ihrem Platz zu verdrängen. Unter den Nestern kann man dann manchmal zehn oder mehr tote Königinnen finden.

Bei einigen Wespenarten können die Königinnen sogar nur einen Staat gründen, indem sie die Königinnen anderer Arten töten und dann von den fremden Untertanen ihre Brut aufziehen lassen. Diese Variante gibt es auch bei Ameisen, und hier bringt manchmal sogar die neue Herrscherin die Untertanen dazu, ihre alte Herrscherin zu verraten und selbst umzubringen. Wie die Thronräuberin das genau macht, ist bisher ein Rätsel, doch es muss ein ziemlich guter Trick sein, schließlich begehen die Ameisen mit dem Mord an ihrer Königin ja gleichzeitig auch Mord an ihrer Mutter. Bei uns Menschen nennt man hochwohlgeborene Herrscherinnen höchstens mal „Mutter der Nation", aber bei Bienen, Wespen und Ameisen sind sie es tatsächlich ...

gitt, eine Spinne!" – „Achtung, eine Wespe!" – „Schwirr ab, lästige Fliege!" Aber: „Ach wie süß, ein Marienkäfer!" – „Warte, ich nehm ihn auf den Finger." – „Nein, geh weg, er ist bei *mir* gelandet ..."

Außer vielleicht noch Schmetterlinge lassen wir kein Insekt so bereitwillig auf unserem Körper sitzen wie Marienkäfer. Leuchtend rot wie eine frisch polierte Tomate, dazu oft genau sieben kleidsame schwarze Punkte – die Tierchen gelten als Glücksbringer und Liebesboten, und vom Hosenflicken bis zur Computermaus gibt es nichts, was man nicht in Form eines Marienkäfers kaufen könnte. Wenn in Frankreich ein Marienkäfer zuerst auf einer Frau und dann auf einem Mann landet, glaubte man früher in manchen Gegenden, die beiden würden bald heiraten. Einen zum Tode Verurteilten soll dort ein Marienkäfer sogar mal vor dem Henkersbeil gerettet haben, indem er sich auf seinen Nacken setzte.

Nach so gut wie jedem anderen Insekt schlagen wir, wenn es auf uns landet. Aber würde jemand absichtlich einen Marienkäfer töten, wir sähen ihn an wie einen Unmenschen. Selbst wenn die süßen Käferchen diesen schlecht riechenden gelben Saft auf unserer Haut hinterlassen, den sie manchmal absondern, nehmen wir es ihnen nicht wirklich übel.

Nur wegen dieses Saftes haben Marienkäfer überhaupt ihr hübsches rotes Kleid. Der Saft ist ihr Blut, und ihre leuchtende rote Farbe signalisiert Feinden, dass dieses Blut giftig ist. Und so schön sich ihre Name anhört, auch den haben sie aus einem unschönen Grund – nämlich weil sie Massenmörder sind. Ja, Massenmörder. Hitler, Stalin, Mao und ... Marienkäfer.

Marienkäfer mampfen Blattläuse wie manche Leute Gummibärchen. Was andere Tiere in diesem Buch beim Killen an Cleverness an den Tag legen, machen sie durch reine Opferzahlen wett. Schon wenn sie als hässliche Monsterlarve aus ihrem Ei schlüpfen, vertilgen sie um die fünfzig der friedlichen kleinen Pflanzenfresser pro Tag. Und wenn sie sich nach ihrer Verpuppung in den hübschen Glückskäfer verwandelt haben, den wir alle kennen und lieben, geht der Massenmord erst richtig los. Bis zu hundert Blattläuse zerkaut der gepunktete Killer dann täglich mit seinen Mundwerkzeugen. Locker mehrere Tausend schafft er in seinem etwa ein Jahr langen Leben.

Weil Blattläuse Pflanzen aussaugen und Marienkäfer so viele von ihnen futtern, hielten Bauern früherer Tage sie für ein Geschenk der Heiligen Jungfrau Maria und nannten sie Marienkäfer. Auch heute werden die Käfer noch als natürliche Schädlingsbekämpfer eingesetzt, und selbst als Hobbygärtner kann man sich für nur fünf Euro zehn der kleinen Massenmörder schicken lassen und zur Bekämpfung von Blattläusen oder Spinnmilben in seinem Beet aussetzen.

Wer Marienkäfer weder nützlich noch süß findet und sich auch nicht von ihrem roten Warnkleid beeindrucken lässt, sind Ameisen. Die hüten Blattläuse oft wie Kuhherden und melken ihnen regelmäßig den süßen Honigtau ab, den sie aus dem Hinterteil ausscheiden. Kommt ein Marienkäfer zu ihrer Herde auf den Stängel gekrabbelt, schmeißen sie ihn sofort wieder runter. Manchmal beißen sie ihm vorher sogar noch die Beine ab, damit er ja nicht wiederkehrt.

Als der Blaue Wittelsbacher vor ein paar Jahren bei einer Auktion verkauft wurde, erzielte er einen Preis von fast zwanzig Millionen Euro. Der Diamant, der früher mal die bayerische Königskrone zierte, ist nicht viel größer als ein Lutschbonbon, aber seine schöne blaue Farbe macht ihn extrem selten und wertvoll. Ein anderer blauer Diamant, der in einem amerikanischen Museum ausgestellte Hope-Diamant, ist noch etwas größer und wird sogar auf den zehnfachen Wert geschätzt. Allerdings heißt es, er sei mit einem Fluch belegt, und jeder, der ihn besitzt, müsse eines frühen, unnatürlichen Todes sterben.

Wer trotzdem versuchen will, ihn zu stehlen, sollte überlegen, ob er bei dem Coup nicht einen Seidenlaubenvogel einsetzt. Von Elstern sagt man nur, sie seien diebisch, doch bei diesen Bewohnern des südaustralischen Urwalds trifft es wirklich zu. Sie sehen aus wie etwas zu groß geratene Amseln, haben ein schönes, blauschwarz schimmerndes Gefieder und sind selbst ganz verrückt auf alles, was blau ist. So verrückt, dass sie regelmäßig dafür zu Dieben werden und in manchen Fällen sogar zu Mördern.

Bei Vögeln aus der Familie der Laubenvögel bauen die Männchen zur Balzzeit aufwendige Bauwerke aus Zweigen, um die Weibchen zu beeindrucken. Diese „Lauben" sind keine Nester, sondern reine Angeber- beziehungsweise Abschleppbuden – und entsprechend viel Mühe geben sich die Männchen bei ihrer Gestaltung. Eine Art baut so große hüttenartige Gebilde, dass man sie zuerst für das Werk von Eingeborenen hielt, und legt dann bunte Blüten, Beeren und Käferpanzer davor aus, um die Junggesellenwohnung noch schöner zu machen. Die Mühe lohnt sich, denn obwohl die Weibchen ihr richtiges Nest später alleine woanders bauen, entscheiden sie hauptsächlich nach den Bau- und Dekorationskünsten der Männchen, in wessen Bude sie eine Nacht verbringen.

Bei den Seidenlaubenvögeln bauen die Männchen kleine Alleen aus trockenen Zweigen und schmücken sie dann mit sämtlichen blauen Gegenständen, die sich in der Umgebung finden lassen. Das sind auch bei ihnen meist Blüten, Beeren und blau schillernde Insektenpanzer, und manche zerdrücken die Beeren sogar und malen mit dem Saft die Wände ihres Bauwerks blau. Andere, besonders findige, fliegen zum nächstbesten Müllplatz und besorgen sich dort allen möglichen blauen Unrat, um damit bei den Damen zu punkten. Viele werden jedoch auch einfach kriminell.

Ob Strohhalme, Wäscheklammern, Kugelschreiber, Socken oder Zahnbürsten – es gibt nichts Blaues, was man auf einem Campingplatz oder in einem Vorgarten stibitzen kann, das nicht schon in der Laube eines Seidenlaubenvogels gefunden wurde. Doch nicht nur uns Menschen, auch gegenseitig beklauen sich die Vögel wie die Raben, und wie im Fall der blauen Diamanten gibt es dabei gewisse Objekte, die aufgrund ihrer Seltenheit als besonders wertvoll gelten.

Blaue Papageienfedern etwa sind unter Seidenlaubenvögeln so heiß begehrt, dass kaum einer, der zufällig eine findet, auch wirklich lange ihr Besitzer bleibt. Und bei kleineren Vögeln als Papageien kann es sogar sein, dass ihr blauer Schmuck ihnen genauso viel Unglück bringt wie der legendenumwobene Hope-Diamant: Forscher haben schon beobachtet, wie ein Seidenlaubenvogel einen blau gefiederten Vogel getötet hat, nur um mit seinen Federn seine Laube schmücken zu können.

Man kennt sie aus Comics und Bud-Spencer-Filmen: die gute alte Massenschlägerei, bei der sich zehn Mann auf irgendeinen armen Kerl stürzen, der bald unter einem großen Berg aus Leibern begraben liegt wie bei einem Footballspiel. Handelt es sich um Bud Spencer oder Obelix, fliegen im nächsten Bild natürlich sämtliche Schläger im hohen Bogen durch die Luft. Mit weniger Körperkraft gesegnete Opfer können höchstens versuchen, heimlich unter dem Menschenberg hervorzukriechen und so ihren Gegnern zu entkommen.

Diesen Ausweg würden bestimmt auch manche Hornissen gerne benutzen, die in Bienennester einzudringen versuchen. Im Kapitel *Königsmord* ging es ja schon um Hornissen, die in fremde Hornissennester eindringen, um dort die Königin umzubringen. Doch manche Hornissen dringen auch mit ähnlich unlauteren Absichten in die Nester von Bienen ein.

Bei uns in Deutschland machen sie das nicht, sondern schnappen sich höchstens mal die eine oder andere umherschwirrende Arbeiterin. Die Haut der Hornissen ist zu dick für den Stachel der Biene, und sie haben kräftige Kauwerkzeuge, mit denen sie ihre Beute leicht totbeißen können. Meist trennen sie dann Kopf, Hinterleib, Beine und Flügel ab und nehmen nur das Brustsegment der Biene mit, in dem die nahrhafte Flugmuskulatur sitzt.

In südlicheren Gefilden aber, in Italien und Griechenland zum Beispiel, gibt es Hornissen, die es noch schlimmer treiben. Sie nutzen ihre dicke Schutzhaut nicht nur, um einzelne Bienen zu erbeuten, sondern dringen auch in deren Nester ein und rauben ihren Honig. Das ist jedoch noch gar nichts im Vergleich zu den gefürchteten Riesenhornissen, mit denen Bienen sich in Asien rumschlagen müssen. Diese fünf Zentimeter großen Monster, vor denen selbst Biene Maja panisch Reißaus nehmen würde, überfallen in kleinen Trupps ganze Bienenstöcke, richten unter dem Volk ein Massaker an und rauben dann nicht nur die Honigvorräte, sondern auch die wehrlosen Larven und Puppen.

Europäische Bienen, die wegen ihres Fleißes beim Honigmachen auch in Asien gerne gezüchtet werden, sind diesen übermächtigen Angreifern hilflos ausgeliefert. Die einheimischen Bienen jedoch, die schon seit Langem mit den gefährlichen Riesenbiestern leben

müssen, haben eine raffinierte Abwehrstrate-
gie gegen sie entwickelt.

Kommt ein Kundschafter der Riesenhornissen in ihr Nest gekrabbelt, stürzen sich die
Bienen auf ihn wie bei *Asterix* die Römer auf
einen Gallier, der in ihr Lager spaziert. Zu Dut-
zenden werfen sie sich auf den Feind, und obwohl ihre Stachel so nutzlos gegen den riesigen
Gegner sind, als hätte er Zaubertrank getrun-
ken, schaffen sie es doch, ihn auszuschalten.
Sie bilden eine sogenannte Hitzekugel um die
Hornisse, lassen ihre Körper vibrieren und erzeugen damit so viel Wärme und eine so hohe
Konzentration an Kohlendioxid in ihrer Mitte,
dass die Hornisse daran zugrunde geht.

Die Bienen in Italien und Griechenland wenden eine ähnlich ausgefeilte Abwehrtaktik an,
nur setzen sie dabei auf einen Effekt, den man
auch in den Bud-Spencer-Filmen immer fürch-
tet: Sie quetschen die im Hinterleib liegende
Lunge der unter ihnen begrabenen Hornisse so
stark ein, dass diese erstickt.

Mordwanzen sind genauso gemein, wie sie sich anhören. Langbeinige ovale Käfer, die von oben gar nicht so schlimm aussehen, aber schaut man sie sich genauer an, erkennt man vorne an ihrem schmalen Kopf einen langen Rüssel – dünn, dreigliedrig und nach innen gebogen wie der eines Elefanten. Diesen Rüssel benutzen die Mordwanzen nicht, um damit wie ein Schmetterling Nektar zu schlürfen – sonst hießen sie ja Honigwanzen. Nein, diesen Rüssel rammen sie anderen Insekten in den Leib wie einen Speer, spritzen ihnen dann damit lähmendes Gift und zersetzende Verdauungssäfte ein und schlürfen sie anschließend wie mit einem Strohhalm aus. Speer, Spritze, Strohhalm: Wer diese Behandlung hinter sich hat, ist danach nur noch eine leere Hülle seiner selbst.

Nun könnte man hoffen, der liebe Herrgott hätte sich bei der Hervorbringung so garstiger Geschöpfe etwas zurückgehalten, aber weit gefehlt: Wie einen riesigen Sack Konfetti hat er die Mordwanzen und ihre unmittelbaren Verwandten, die Raubwanzen, über der Erde ausgeschüttet – weltweit kommen sie in sage und schreibe 7.000 arschgemeinen Arten vor.

Bunt wie Blumen – weil sie darin lauern – oder braun wie der Boden – weil sie darauf rumschleichen –, sind sie mal klein wie eine Laus oder groß wie ein Grashüpfer, dünn und lang wie ein Stöckchen oder – nachdem sie sich mit den aufgelösten Innereien irgendeines armen Teufels vollgesogen haben – fett und rund wie eine Zecke. Manche können fliegen, andere wieder nicht, und zum Festhalten ihrer Beute haben sie Fangarme wie eine Gottesanbeterin oder mit klebrigen Härchen besetzte Vorderbeine.

Da die Wanzen es warm mögen, gibt es bei uns nur wenige Arten, darunter die Geringelte Mordwanze und der auch in menschlichen Behausungen aktive „Maskierte Strolch", der sich zur Tarnung mit Schmutz bedeckt und so meist aussieht, als käme er gerade aus einem Staubsaugerbeutel gekrochen. In den Tropen, wo es wesentlich mehr Arten gibt, tarnen sich die Wanzen mit dem Baumaterial von Termitennestern und täuschen auf diese Weise ihre Opfer. Haben sie eine Termite erbeutet und ausgesaugt, wenden sie jedoch eine noch viel ausgefeiltere Jagdstrategie an: Sie wackeln mit der leeren Hülle vor einem Loch im Termitenbau herum, und will ein Arbeiter den verletzten Kameraden wegräumen, ziehen sie das neue Opfer daran aus dem Nest. Eine amerikanische Wissenschaftlerin hat mal beobachtet, wie eine Wanze sich auf diese Weise mehr als dreißig Termiten angelte – sie benutzte das Loch in dem Bau auf ähnliche Weise wie wir eine Nachfüllstation bei McDonald's.

Manche der mörderischen Wanzen tauchen ihre Fangarme in Harz, um Bienen anzulocken. Andere haben haarige Stulpen an den Beinen, die sie in die Luft werfen wie Cheerleader, um so die Aufmerksamkeit von Ameisen auf sich zu ziehen. Wieder andere kleben sich statt Schmutz ausgesaugte Ameisen auf den Rücken und tragen dann ihren Berg von Trophäen durch die Gegend wie ein durchgedrehter Kopfjäger. Auch das dient den Wanzen offenbar zur Tarnung – allerdings vor ihren eigenen Feinden, den in einem anderen Kapitel beschriebenen Springspinnen.

Der Bodyguard

Blattschneiderameisen sind die Landwirte der Insektenwelt. Sie kommen vor allem in Mittel- und Südamerika vor, leben in riesigen unterirdischen Nestern und züchten dort Pilze, von denen sie sich ernähren. So richtig südamerikanisch geht es dabei aber nicht zu, sondern eigentlich ziemlich deutsch, und die ganze Sache ist so perfekt durchorganisiert wie die Fließbandarbeit bei VW oder Porsche. Jede Ameise hat einen streng festgelegten Posten in der Produktionskette und – der Traum jedes Fabrikbesitzers! – ist sogar für ihre Arbeit geboren.

Mittelgroße Ameisen gehen hinaus in den Urwald, zerschneiden mit ihren Kiefern Blätter und tragen die Stücke zurück in den Bau. Sie bewegen sich auf Straßen, die von anderen Ameisen markiert werden, von wieder anderen instand gehalten und von den größten Ameisen mit den mächtigsten Kiefern bewacht. Im Bau werden die Blattstücke, die oft ein ganzes Stück größer sind als die Träger, von etwas kleineren Ameisen in handliche Schnipsel zerlegt und von noch etwas kleineren zu einer weichen Masse zerkaut und mit Kot vermischt. Dann kommt eine noch kleinere Ameise, pflanzt den leckeren Pilz der Ameisen in die Masse, und hat er schließlich einen weißen Pelz auf dem Nährboden gebildet, wuseln die kleinsten Ameisen der Kolonie darauf herum wie winzige Gartenzwerge. Sie halten den Pilzteppich sauber, ernten die kleinen Knöllchen, die darauf wachsen, und passen auf, dass nicht irgendwann ein richtiger Pilz daraus hervorschießt wie bei *Alice im Wunderland*.

Nur bei einer Sorte Ameise hat man sich immer gefragt, was sie eigentlich macht. Sie gehört zur Kaste der sogenannten Pygmäen, also der winzigen Pilzgärtner, doch statt sich um ihre pelzigen Beete zu kümmern, sieht man sie immer nur auf den Blattstücken hocken, die die mittelgroßen Ameisen durch die Gegend tragen. Was machen die Winzlinge da? Die Blattstücke sind ohnehin schon so groß und schwer, als müssten wir eine ganze Schrankwand alleine auf dem Rücken balancieren, und da setzen sich diese Witzbolde noch obendrauf? Sind sie etwa zu faul, um selbst zu laufen?

Nein, sind sie nicht – wir haben es schließlich mit Ameisen zu tun –, und sie reiten nur auf den Blattschnipseln mit, um ihre größeren Geschwister zu beschützen. Die klitzekleinen, meist kaum mehr als einen Millimeter großen Pygmäen sind Bodyguards. Und sie verteidigen die Träger gegen einen echt gemeinen Feind.

Bestimmte kleine Fliegen – sogenannte Buckelfliegen – legen ihre Eier gerne in den Trägern ab. Sie spritzen sie ihnen in den Rücken, von wo die daraus geschlüpfte Larve in den Kopf wandert und ihn langsam von innen leer frisst. Die Ameise lebt während dieser Zeit noch, wandert allerdings ziemlich ziellos durch die Landschaft, statt ihre Pflicht zu tun, bis die Fliegenlarve schließlich den gesamten Ameisenschädel ausfüllt. Dann fällt sie mit dem Kopf zu Boden, nutzt ihn als natürliche Verpuppungshülle und schlüpft als fertige Fliege daraus hervor.

Manche Ameisen zerdrücken die Fliegen mit einem gezielten Nackenstoß, wenn sie auf ihnen landen. Doch während man einen Schrank mit dem Mund balanciert, ist das natürlich schwierig. Deswegen haben die Träger immer ihre kleinen Leibwächter dabei, die ihnen den Rücken freihalten ...

Warum ein Verbrechen alleine begehen, wenn es zusammen mit anderen viel leichter ist? Der große Erfolg der Blattschneiderameisen bei der Pilzzucht gründet ja nicht zuletzt darauf, dass jeder im Team eine bestimmte Aufgabe übernimmt; warum sollte das bei weniger harmlosen Arten des Broterwerbs anders ein? Teamarbeit lohnt sich, auch wenn's kriminell wird – und selbst mit Partnern, mit denen man sonst eigentlich lieber nichts zu tun haben will.

Den schlauen Delfinen ist der Wert gut geordneter Gruppenarbeit natürlich wohlvertraut. Treffen sie auf einen großen Fischschwarm, hecheln sie nicht im Alleingang jeweils einem einzelnen Happen hinterher, sondern treiben ihre Beute zu einem dichten Ball zusammen, der sich im blauen Wasser um sich selbst dreht wie eine glitzernde Discokugel. Hier schwimmt dann jeder mal durch und bedient sich, und manchmal gesellen sich noch Haie, Schwertfische und Seevögel dazu und machen bei dem Massaker mit. Nicht weniger geschickt arbeiten Buckelwale zusammen, die die Fische sogar mit einem kreisrunden Vorhang aus Luftblasen umgeben, in dem sie dann nur noch mit geöffnetem Maul nach oben steigen müssen. Schwertwale schließlich erzeugen im Team kleine Monsterwellen, um so Robben oder Pinguine von Eisschollen zu spülen.

Zu noch kurioseren Komplizenschaften kommt es in der bunten Welt der Korallenriffe. Im Roten Meer etwa verabreden sich einzelne Zackenbarsche und Muränen regelmäßig zur gemeinsamen Jagd. Die Muräne schlängelt sich unten durch die Korallen, der Zackenbarsch schwimmt über ihr her. Jeder Fisch, auf den die cleveren Mordkomplizen treffen, kann sich eigentlich nur noch entscheiden, von wem er lieber gefressen werden will. Stets ist es der tagaktive Zackenbarsch, der zu der eigentlich nachtaktiven Muräne hinschwimmt und sie mit aggressivem Kopfschütteln zum gemeinsamen Beutezug auffordert. Ist ein Fisch vor ihm in eine sichere Nische geflüchtet, holt er manchmal sogar extra seinen Jagdpartner herbei, damit der sein Glück versucht.

Auch an Land treiben sich Löwen, Adler und die ebenfalls manchmal auf die Jagd gehenden Schimpansen ihre Beute gegenseitig in die Arme. Ein kleiner afrikanischer Vogel hingegen holt sich hauptsächlich dann Hilfe, wenn er wie der Zackenbarsch im Riff an seine Beute nicht herankommt, und hat sich für sein mörderisches Anliegen einen ganz besonderen Komplizen ausgesucht – nämlich den Menschen.

Dieser sogenannte Honiganzeiger frisst für sein Leben gerne Wachs und Bienenlarven, ist jedoch nicht stark genug, um die Bienenstöcke, die er im Busch findet, alleine aufzubrechen. Deswegen macht er die Einheimischen durch lautes Schnattern und Spreizen seiner hellen Schwanzfedern auf sich aufmerksam und führt sie zu dem Stock, den sie dann erst ausräuchern und anschließend mit ihren Äxten aufschlagen. Obwohl der Honiganzeiger eigentlich der Kopf der Bande ist, nehmen sie den größten Anteil an Waben, lassen ihm aber immer etwas übrig. Denn sonst, so glauben sie, führt sie der Vogel das nächste Mal nicht zu einem Bienenstock, sondern zu einem dritten Komplizen: einem Löwen, der hungrig im Busch auf sie wartet.

Das dicke Ende

Honiganzeiger machen mit Menschen gemeinsame Sache, um an Bienenlarven zu kommen, und wer ein bisschen in diesem Buch aufgepasst hat, wird gemerkt haben, dass Insektenlarven in der Tierwelt überhaupt als Speise sehr beliebt sind. Manche sind selbst ziemlich üble Zeitgenossen, wie der Ameisen fressende Ameisenlöwe oder die Falter fangende Spinnenraupe. Die meisten jedoch hocken fett und rund im Holz, unter der Erde oder in einem Bienennest und scheinen praktisch nur darauf zu warten, von anderen verschlungen zu werden – ein nahrhafter Eiweißsnack, zu dem kaum jemand Nein sagen kann. Geröstet und als Fingerfood serviert, gelten Insektenlarven in manchen Ländern selbst unter Menschen als Delikatesse, und auch hier bei uns schwören Angler ja auf Fliegenmaden als Köder. Sie sind allerdings nicht die Einzigen, die wissen, wie gut sich mit einem zappelnden weißen Würmchen ein kostenloses Mittagessen fangen lässt.

Todesottern sind in Australien lebende Giftschlangen, an deren Biss vor Entdeckung eines Gegengiftes regelmäßig Menschen gestorben sind. Sie graben sich gerne in den Boden ein und bewegen sich üblicherweise erst, wenn man schon auf ihnen draufsteht, weshalb sie von den Einheimischen auch „taube Ottern" genannt werden. Kopf und Körper ragen zwar meist ein bisschen aus Laub oder Sand, aber die Schlangen sind farblich so gut an ihre Umgebung angepasst, dass auch das meistens nicht hilft, sie rechtzeitig zu erkennen. Aufmerksam auf sie könnte man höchstens durch die Insektenlarve werden, die sich oft nicht weit von ihrem Kopf auf dem Boden windet.

Das kleine weiße Würmchen windet sich nicht nur, sondern führt einen regelrechten Tanz auf. Senkrecht steht es auf dem Boden und wackelt mit dem Hintern wie in einer Disco. Die Signale, die es an jede vorbeikommende Eidechse oder Maus aussendet, sind eindeutig. „Friss mich!", sagt es mit seinem seltsam selbstmörderisch wirkenden Schlängeltanz: „Friss mich, denn ich bin eine Made!"

Doch die Made ist in Wirklichkeit gar keine Made, und jedes Kleintier, das sich den schmackhaften Proteinhappen zu schnappen versucht, erlebt eine böse Überraschung. Die leckere dicke Larve ist in Wahrheit das dünne Ende der Schlange, deren dickes Ende – also

der Kopf – dann plötzlich aus dem Laub hoch-
schnellt und zubeißt.

Klapperschlangen haben eine Rassel am
Schwanz, um große Tiere damit abzuschre-
cken, Todesottern eine unechte Ködermade,
um kleine Tiere damit anzulocken. Sie vergra-
ben sich im Erdreich, lassen nur ihr dünnes
helles Schwanzende aus dem Boden gucken
und wackeln damit herum, bis ein Beutetier
anbeißt. Wie bei richtigen Anglern gibt es auch
bei ihnen verschiedene Meinungen, was der
beste Köder ist, und viele haben statt einer dicken weißen Made einen dünnen schwarzen
Wurm als Schwanzende.

Ihr Biss jedoch ist schneller, als der Ruck jedes
Anglers es jemals sein könnte, und es dauert
nur einen Wimpernschlag, und ein weiterer
cleverer Killer hat seine Beute erlegt ...

Markus Bennemann, geboren 1971, hat Anglistik, Geschichte und ein bisschen Biologie studiert. Er arbeitet als freier Autor und Übersetzer. Im Eichborn Verlag erschienen von ihm „Im Fadenkreuz des Schützenfischs. Die raffiniertesten Morde im Tierreich" und „Die Evolution im Liebesrausch. Das bizarre Paarungsverhalten der Tiere".

Ari Plikat, geboren 1958 in Lüdenscheid, studierte visuelle Kommunikation in Leeds und Dortmund, wo seitdem in freier Arbeit Illustrationen, Cartoons und komische Bilder und Drucke entstehen. Er wurde u. a. vom Art Directors Club Deutschland ausgezeichnet und erhielt den Clio Award aus den USA sowie den Sondermann für komische Kunst 2010.